CHINA LAW EDUCATION RESEARCH

教育部高等学校法学类专业教学指导委员会
中国政法大学法学教育研究与评估中心　主办

中国法学教育研究
2019年第2辑

主　　编：黄　进
执行主编：曹义孙
副 主 编：李树忠

中国政法大学出版社

2019·北京

图书在版编目（ＣＩＰ）数据

中国法学教育研究.2019年.第2辑/黄进主编.--北京：中国政法大学出版社，2019.8

ISBN 978-7-5620-9079-3

Ⅰ.①中…　Ⅱ.①黄…　Ⅲ.①法学教育－中国－文集　Ⅳ.①D92-4

中国版本图书馆CIP数据核字(2019)第161108号

出 版 者　中国政法大学出版社

地　　址　北京市海淀区西土城路25号

邮寄地址　北京100088 信箱 8034 分箱　邮编100088

网　　址　http://www.cuplpress.com (网络实名：中国政法大学出版社)

电　　话　010-58908289(编辑部) 58908334(邮购部)

承　　印　固安华明印业有限公司

开　　本　650mm×960mm　1/16

印　　张　13.5

字　　数　185 千字

版　　次　2019 年 8 月第 1 版

印　　次　2019 年 8 月第 1 次印刷

定　　价　42.00 元

目 录

CONTENTS

百花园

目 录

C O N T E N T S

Legal Education

Curriculum and Teaching

Spring Garden

法学教育

Legal Education

我国法学专业核心课程的流变及最新调整

◎刘坤轮 *

摘 要： 2017 年，运行 20 年之久的法学专业核心课程进行调整，开始采用"10 + X"分类设置的模式。为什么做出这样的调整、调整的原则是什么、各类课程的选择标准是什么，这些都引发了法学教育界的关注。就这些问题，本文系统梳理了法学专业课程的流变历程，从法学专业课程体系改革的背景切入，介绍其分类设置的原因、原则和具体课程的选择标准。在此基础上，本文总结了《国标》法学专业课程调整的意义，以对相关争议问题予以澄清。

关键词： 法学专业 核心课程 流变 调整

一、问题的提出

本着"质量为王、标准先行"的理念，2018 年 1 月，中华人民共和国教育部发布了我国高等教育领域首个教学质量国家标准，其中涵盖普通高校本科专业目录

---

* 刘坤轮，中国政法大学法学教育研究与评估中心副教授、副主任。

中全部 92 个本科专业类、587 个专业，涉及全国高校 56 000 多个专业点。[1]其中《法学类教学质量国家标准》（以下简称《国标》）的出台尤其引人关注，这不仅是因为法学专业在规范制定方面具有天然的优势，其国标具有引领的作用，还在于法学类专业《国标》解决了一直困扰法学研究者的若干关键性争议问题，比如关于法学教育的根本属性问题、关于法律职业伦理教育和法律实践教学问题，以及关于法学专业课程体系问题。[2]其中，尤其为法学教育界所关注的是法学专业[3]核心课程体系的建设问题。因为本次《国标》的出台，改变了将近二十年不变的法学专业核心课程体系，采取了分类设置的方法，对法学专业核心课程采取"10 + X"分类设置模式。"10"指法学专业学生必须完成的 10 门专业必修课，包括：法理学、宪法学、中国法律史、刑法、民法、刑事诉讼法、民事诉讼法、行政法与行政诉讼法、国际法和法律职业伦理。"X"指各院校根据办学特色开设的其他专业必修课，包括：经济法、知识产权法、商法、国际私法、国际经济法、环境资源法、劳动与社会保障法、证据法和财税法等，"X"的选择设置门数原则上不低于 5 门。

　　一石激起千层浪，法学专业核心课程为什么要如此设置？其背后的支撑原则是什么？《国标》对于法学专业核心课程改革的意义何在？这些都引发了研究者的极大兴趣。对于这些问题，本文将概览法学专业课程的流变历程，从法学专业课程体系改革的背景切入，介绍分类设置的原因、原则和具体课程的选择标准。并在此基础上，总结《国际》法学专业课程调整的意义，以对相

---

〔1〕 参见《教育部发布我国高等教育领域首个教学质量国家标准》，载 http://www. moe. gov. cn/jyb_xwfb/xw_fbh/moe_2069/xwfbh_2018n/xwfb_20180130/sfcl/201801/t20180130_325920. html，最后访问日期：2019 年 2 月 18 日。

〔2〕 参见李树忠：《坚持改革调整创新立中国法学教育 德法兼修明法笃行塑世界法治文明》，载《中国大学教学》2018 年第 4 期。

〔3〕 《法学类教学质量国家标准》下设三个专业，分别是法学（030101K）、知识产权（030102T）和监狱学（030103T）。本文所探讨的主要是第一个法学专业的核心课程设置问题，特在此予以说明。参见《普通高等学校法学类本科专业类教学质量国家标准》2.2 本标准适用的专业。

关争议问题予以澄清。

二、法学专业核心课程设置的流变历史

新中国法学专业课程设置的流变，是和新中国法学教育的发展脉络联系在一起的，在不同的阶段，由于顶层制度和经济社会发展的情况不同，法学专业的课程也呈现出不同的特点，因而，法学专业课程设置的流变，也随着中国法学教育的各个发展阶段而变，大体分为如下三个阶段。

（一）课程初建

因为法学专业在 1958—1976 年几乎处于停滞状态，因而这一阶段，对于法学专业课程而言，主要的成就都是在 1966 年之前取得的。

在新中国法学教育发展的初创阶段和挫折阶段，法律院校的课程设置是由中央统一下达的教学计划决定的，[1]1949 年 10 月颁发的《各大学专科学校文法学院各系课程暂行规定》是新中国第一个由教育行政部门颁发的统一的法学专业教学计划，内容包括任务和基本课程两块，其中任务为："培养以马列主义的科学观点分析政治法律问题；并培养新民主主义国家立法司法干部的基本知识。"基本课程包括 12 门，具体包括马列主义法律理论、新民主主义的各项政策法令[2]、名著选读[3]、新民法原理、新

---

〔1〕 1957 年 9 月后，各政法学院下放到省市管理，不再执行统一教学计划。1964 年 1 月 24 日教育部和最高人民法院制定和颁布了《法律专业四年制教学方案》，又恢复了统一的教学计划。

〔2〕 主要包括 8 个部分：①新司法制度：人民法院组织新审检实务、监狱制度；②土地政策法令：土改、减租、减息、城郊土改政策等；③城市政策法令：工商业政策、房屋租赁、民主建设、城市管理及建设、失业处理、乞丐、妓女问题等；④劳工政策法令：职工运动、劳工立法、工会工作、工资政策等问题；⑤财经政策法令：金融外汇管理、对外贸易、财政、合作新法规等问题；⑥婚姻法令；⑦文教政策法令：新民主主义文化教育方针、知识分子政策等；⑧外交政策法令。

〔3〕 选读马克思、恩格斯、列宁、斯大林和毛泽东的重要著作，如：《共产党宣言》《家族私有财产及国家之起源》《论一元论历史观的发展》《国家与革命》《论国家》《斯大林关于苏联宪法的报告》《新民主主义论》《论联合政府》《论人民民主专政》等。

刑法原理、宪法原理、国际公法、国内公法、商事法原理、犯罪学、刑事政策以及苏联法律研究。[1]

这一时期，从法学专业课程建设的角度来看，应该说，大体上形成了新中国法学教育的课程基本框架，尽管内容方面有待完善，但是，民事、刑事、行政三大实体法的框架初步搭建起来，程序性的法律，也以法令的形式覆盖了审判、检查、执行和国际交往等方面。尽管之后由于教学计划变动非常频繁，法学专业课程设置的变化也极为频繁，比如在 1949 年到 1956 年间，我国就先后颁布了六种课程设置方案，出台了一系列的规范性文件，如《教育部关于实施高等学校课程改革的决定》[2]《法学院、法律系课程草案》《综合大学法律系教学计划》[3]《高等学校文、法、理、工各学院课程草案》[4]等一系列调整文件，但是，法学课程的稳定性仍然不足。整体而言，对于处于初步探索阶段的我国法学专业课程建设来说，基本的框架一旦形成，以后的工作也就是不断完善了。因而，从基础性构建的角度来说，这一时期的法学教育具有较大的积极意义，在这一时期，中国法学教育的早期引领者也对法学专业课程进行了诸多有益的探索，比如北京大学法律系[5]、人民大学法律系[6]、中央政法干部学校[7]等都在法学课程设置方面有一定尝

〔1〕 参见《各大学专科学校文法学院各系课程暂行规定》，载《中华教育界》1949 年复刊第 3 卷第 10 期。

〔2〕 参见《教育部关于实施高等学校课程改革的决定》，载《新华月报》1950 年第 2 卷第 4 期。

〔3〕 参见董节英：《1949—1957 年的中国法学教育》，中共中央党校 2006 年博士学位论文。

〔4〕 参见俞江：《"文革"前的北大法律系（1949—1966 年）》，载《中外法学杂志》2004 年第 2 期。

〔5〕 关于这一时期北京大学法学课程建设的介绍，参见李贵连：《百年法学：北京大学法学院院史》，北京大学出版社 2004 年版，第 211～212 页。

〔6〕 关于这一时期中国人民大学法学课程建设的介绍，参见张腾霄：《中国人民大学的教学工作概述》，载《人民教育》第 2 卷第 3 期。

〔7〕 关于这一时期中央政法干部学校课程建设的介绍，参见克昌：《政法院校介绍》，载《法学研究》1954 年第 4 期。

试与探索，中国政法大学[1]的成立和专门性新法学研究院[2]的建设也为中国法学教育的课程设置的发展打下了初步基础。

从课程设置角度来看，这一时期的法学课程建设已经具备了模块化的特征，思想政治课、法学专业必修课和法学专业选修课构成了基本的课程体系。这一特征仍然延续到今天。但是，同时，这一时期的法学专业课程也有一些今天看起来不那么尽如人意的地方，限于当时新中国的各项实体法令尚未健全，法学体系的政治色彩还比较浓厚，一些政策性法令成为当时法学专业课程的主要内容。同时，新中国法学专业课程建设也受到当时苏联意识形态的较大影响，课程设置方面有很多直接来自苏联法学教育的内容，教材体系也主要引自苏联。例如1951年教育部制定的《法学院、法律系课程草案》规定："讲授课程有法令者根据法令，无法令者根据政策……如无具体材料可资参照，则以马列主义、毛泽东思想为指导原则，并以苏联法学教材及著述为讲授的主要参考资料。"在1954年召开的全国政法工作会议上，高教部明文规定："中国人民大学应将所编译的苏联法学教材进行校阅，推荐各校使用。"[3]当时法学院（系）开设的课程有：苏联国家与法权史、苏联国家法、人民民主国家法、中国与苏联法院组织、苏联民法、苏联刑法、中国与苏联民事诉讼法、中国与苏联刑事诉讼法、中国与苏联劳动法、中国与苏联行政法、土地法与集体农庄法、中国与苏联财政法。[4]上述情况的主要原因在于当

---

[1] 这一时期的中国政法大学和现在的中国政法大学并不是同一概念，它是：北平解放后，为培养新中国的法律人才，华北人民政府董必武迅即派出曾在成都朝大任教授的陈传纲率领工作组接管朝阳大学，在其校址成立北平政法学院，同年8月5日中央决定把该校校名改为中国政法大学（不同于现在同名的中国政法大学），毛泽东主席亲自题写了校名，"延安五老"之一谢觉哉被任命为校长。相关介绍可参见熊先觉：《朝阳大学——中国法学教育之一脉》，载《比较法研究》2001年第3期。

[2] 关于这一时期新法学研究院课程建设的介绍，参见《中国新法学研究院第一期教学计划大纲》，司法部教育司：《有关法律专业教学计划资料》，1958年6月。

[3] 1952—1956年，中国翻译、出版了165种苏联法学教材。参见张友渔：《中国法学四十年》，上海人民出版社1989年版，第2页。

[4] 汤能松等：《探索的轨迹——中国法学教育发展史略》，法律出版社1995年版，第485页。

时的新中国处于一个相对封闭、没有其他知识资源借鉴的境地，苏联建国几十年的经验以及在法学教育建设方面的成就，很理所当然地就成为模仿的对象，成为新中国法学理论体系构建的主要来源。因此，这一时期的课程体系带有浓厚的苏联特色也是情有可原的。但同时我们也看到，在这种模式下，中国法学教育的主体性基本是缺位的，因为苏联教育体制本身所存在的缺陷以及中国国情的错位，导致中国法学知识体系出现与中国实际的一定脱节，这些需要以后通过逐步的改革予以弥补。

（二）重建发展[1]

中国法学教育的迅速恢复和发展发生在 20 世纪 70 年代末到 20 世纪 90 年代初的十多年间。这一阶段中，1977 年到 1983 年期间主要致力于对法学教育的恢复和重建，1984 年到 1991 年则集中于法学教育的适度调整和迅速发展。这一时期，有关涉法学课程设置三个规范性文件，分别为 1978 年教育部《法学专业学时制教学方案》、1982 年司法部《政法学院法学专业学时制教学方案》和 1985 年《中共中央关于教育体制改革的决定》。

这一时期法学课程体系的总体状况是特色探索与多元趋同。恢复重建的中国法学教育在课程的探索上，也渐次朝着自主化的方向发展，具体表现在：顶层设计所规定的大体上方向性、原则性的内容，具体的课程设置不再统一，而是由各个高校各自探索。1981 年 7 月，司法部召开的政法学院教育工作座谈会上提出，不宜将法学专业再划分为若干个专业。可从三年级开始，开设一些专门课程和专题讲座，让学生选修。政法学院应突出法律专业课，应不低于必修课总学时的 55%。政治理论课不应超过必修课总学时的 20%。会议参照 1978 年武汉高等学校文科教学工作座谈会上制订的法学专业学时制教学方案，制订了政法学院法学专业学时制教学方案。教学方案规定，必修课共 25 门，总学时 2400。其中政治理论课 4 门，440 学时，占 18.3%；文体课 4

---

[1] 这一阶段法学教育的发展状况的梳理，参见《1979—1993 年的法学教育工作》，载《中国司法行政年鉴》1995 年。

门，610 学时，占 25.4%；专业课 17 门，1350 学时，占 56.3%。[1] 1984 年的修订方案是指导性的，课程设置以学分方式表述，不再有全国统一的课程设置，并开始鼓励各校开设选修课。1986 年司法部明确规定："各校可结合本校的实际情况灵活掌握；选修课只作举例，各校可以根据需要和现有条件，决定选修课的开设或增开其他选修课。"之后，以政法院校为代表的法学专业选修课程体系日益丰富起来。法学专业课程设置灵活性增强的一个正面效果就是，意识形态的影响越来越小，政治课与专业课比重日趋合理，1984 年教育部颁布的教学方案的课程设置中，政治理论课占总学时的比例下降为 16.3%，不仅远远低于"文革"前的比例，而且低于 1978 年教育部颁布的教学方案中的 23.7%。从 1978 年开始将法学专业课程分为两大类：必修和选修，之后选修课的比重不断增加，1984 年选修课占总课时的 21.6%。[2]

（三）分久必合

1997 年之后，法学专业课程体系改革随着我国法学教育一同进入到改革发展阶段，新的核心课程体系建设成为这一阶段的主要成就。1997 年开始，教育部高等学校法学类专业教学指导委员会对我国当前的课程体系进行讨论，达成了统一设置法学专业核心课程的初步共识，并最终确立了法理学、中国法制史、中国宪法、行政法与行政诉讼法、民法、商法、知识产权法、经济法、刑法、民事诉讼法、刑事诉讼法、国际法、国际私法、国际经济法等 14 门课程作为法学本科核心课程。1998 年 6 月 20—21 日，教育部高等教育司在中国人民大学召开了法学专业 14 门核心课程教学指导纲要审定及教材主编遴选会，全国各高等学校共提出 60 份主编 14 门核心课程教材的申请书，与会专家听取了教育部高教司财经政法处关于申报主编教材的经过和基本情况，阅读审

---

〔1〕 《中国教育年鉴》（1949—1981），中国大百科全书出版社 1984 年版，第 269 页。

〔2〕 参见徐显明主编：《中国法学教育状况》（2005），中国政法大学出版社 2006 年版，第 34 页。

查了申报材料，并进行了无记名投票，最后遴选出 14 门核心课程教材的主编。1998 年 7 月 16 日，教育部在中国人民大学召开了 14 门核心课程教材主编会议，法学核心课程体系建设的基础性工作正式拉开帷幕。[1]2007 年 3 月，高等学校法学类专业教学指导委员会会议将劳动与社会保障法、环境与资源保护法增补为核心课程。至此，法学专业核心课程体系进入到稳定阶段，截至 2017 年，各高校法学专业必修课程基本上以上列核心课程为主，同时根据本校实际情况略有增减。应该肯定的是，在法学教育的规范化建设道路上，同质化课程体系要求在一定时期对我国法学教育的发展是起着重要推进作用的，在一定程度上解决了法学专业生存的合法性问题，反映了法学专业对制度环境的适应。[2]

三、法学专业核心课程再调整的背景

随着社会的快速发展，大学的多样化、特色化发展越来越成为未来高等教育的发展趋势，我国《国家中长期教育改革和发展规划纲要（2010—2020 年）》也明确提出要"促进高校办出特色""建立高校分类体系，实行分类管理""发挥政策指导和资源配置的作用，引导高校合理定位，克服同质化倾向，形成各自的办学理念和风格，在不同层次、不同领域办出特色"。在此背景下，迅速发展的中国高校法学院系，在 16 门主干课程之外，逐步扩大选修课开设的范围。实践中，法学专业从以供给者为中心的课程设置体制，渐次转向以需要者为中心的设置模式，以需要者的需求为基础确定课程结构，使学生根据自己的兴趣与毕业去向自由地选择课程，强化课程结构的逻辑性与规范性。教师开设课程的自由范围也越来越大，除专业必修课外，可根据教师的研究领域，开设专门化的课程。

---

〔1〕 参见《法学专业 14 门核心课程教学指导纲要审定暨核心课教材主编遴选会在京召开》，载《法学家》1998 年第 5 期。

〔2〕 参见王小梅：《理性对待我国大学"同质化"问题》，载《文汇报》2016 年 9 月 23 日。

除此之外，中国特色社会主义法律体系的日益完善，也对法学专业课程体系的设置形成一定冲击。随着立法的增加，20 世纪90 年代以后也出现了课程的扩张，如与法官法、检察官法、律师法、海关法、商法、反不正当竞争法、公司法、证券交易法、产品质量法、消费者权益保护法、房地产法、环境法、知识产权法等立法对应的新课不断增加。因此，尽管现行法学核心课程的设置在新中国法学教育发展初期发挥了重要的指导作用，对依法治国和建设社会主义法治国家起到过积极作用，但由于社会、经济形势的进一步发展，在国家治理现代化的新形势下，当前法学专业课程体系配置已经无法适应新时代对于高素质法治专门人才培养的需要。在这种背景之下，法学专业课程体系的调整势在必行。

本文认为，之所以对运行二十年的法学专业课程体系进行调整，其原因主要在于如下两个方面。

（一）顺应法治专门人才培养的时代使命

对于中国法学教育而言，2014 年无疑至关重要。2014 年 10 月 20 日至 23 日，中国共产党第十八届中央委员会第四次全体会议在北京召开，首次专题讨论依法治国问题。本次会议通过了《中共中央关于全面推进依法治国若干重大问题的决定》，对于我国的法学教育和法治人才培养提出了崭新的要求，明确要求"……形成完善的中国特色社会主义法学理论体系、学科体系、课程体系……"[1]对于中国的法学教育而言，这次会议的一个重要转向就是将法治专门人才的培养确定为中国法学教育和法治人才培养的重要任务，直指法律职业队伍建设的正规化、职业化和专业化。所谓法治人才专门队伍，其内涵必然要求着力点之一即"专业化"，而专业化素质的培养，从法学专业课程体系的设置上来看，无疑要通过专业必修课程和专业选修课程体系来综合实

---

〔1〕 参见《中共中央关于全面推进依法治国若干重大问题的决定》，载 http：//cpc. people. com. cn/n/2014/1029/c64387-25927606.html，最后访问日期：2016 年 9 月 4 日。

现。从这一意义上说，法学专业课程体系中，应该体现出一定的专业化、精细化建设方向，即法学专业选修课应当能够和某一特定的法学专业必修课形成对应某一职业领域的课程模块，建构出专业和基础相结合的知识体系，这样才能确保人才培养的专业化，也是对法治专门人才建设的理性回应。[1]

（二）顺应法学教育特色化发展与法律职业资格准入改革实践

当前我国法学专业核心课程的设置，具有一定的历史积极意义，但是，在新的时代背景下，一些突出的问题也亟需解决。根据《国家中长期教育改革和发展规划纲要（2010—2020 年)》和《教育部关于全面提高高等教育质量的若干意见》的要求，提高高等教育质量，发挥学生自主学习能力，突出高校办学特色已经成为时代赋予法学专业人才培养的使命。但是，在现行法学专业核心课程体系下，必修课程门数过多，学生自主学习时间严重不足，无法充分发挥学生自主学习的积极性和主动性。与此同时，在现行法学专业核心课程体系下，各法学院系自主性不足，出现法学院系千人一面、特色化不明显的现状，无法满足现实社会对高素质法治专门人才的多样化需求。此外，在现行法学专业核心课程体系下，传统法学和新兴法学科目设置不平衡，无法覆盖新兴学科领域，新兴学科往往设置于选修课程类别中，影响了学生在新兴领域学习的积极性和主动性。因此，法学专业核心课程体系应当积极回应，不断完善，以适应社会经济的发展要求为方向进行调整。

2015 年 6 月 5 日上午，习近平总书记主持召开的中央全面深化改革领导小组第十三次会议审议通过了《关于完善国家统一法律职业资格制度的意见》（以下简称《意见》）。2015 年 12 月 20 日，中共中央办公厅、国务院办公厅印发全文。《意见》第 6 条规定，统一法律职业资格"考试内容增加中国特色社会主义法治

---

[1] 参见刘坤轮：《我国法学类专业本科课程体系改革的现状与未来——以五大政法院校类院校为例》，载《中国政法大学学报》2017 年第 4 期。

理论，着重考查宪法法律知识、法治思维和法治能力，以案例分析、法律方法检验考生在法律适用和事实认定等方面的法治实践水平。加大法律职业伦理的考查力度，使法律职业道德成为法律职业人员入职的重要条件。考试以案例题为主，每年更新相当比例的案例，大幅度提高案例题的分值。"统一法律职业资格改革除了要求强化法律实践教学和法律职业伦理教育[1]外，中国特色社会主义法治理论、操作性案例分析能力和法律思维的应用能力也成为新时代法学专业课程的重要教学任务，这就要求法学专业的课程相应作出调整，在对应中国特色社会主义法律体系的课程设置框架之下，释放学生自主学习、动手操作的能力，而在以往16门核心课程的课业压力下，这一任务的完成显然有难度。

四、法学专业核心课程再调整的原则及方案

2017年5月3日，习近平总书记在考察中国政法大学时明确提出中国法学教育和法治人才培养要坚持立德树人德法兼修，培养高素质法治专门人才。随后，教育部高等学校法学类专业教学指导委员会召开全体会议，并最终于2018年6月18日完成了法学专业核心课程的调整工作。应该说，这次法学专业核心课程体系的调整是回应中国经济政治社会发展的重要举措，是我国教育部坚定落实十八届四中全会决议的重要工作，是对习近平总书记全国哲学社会科学工作座谈会上讲话精神和习近平总书记考察中国政法大学重要讲话精神的坚定落实。整个调整过程历时长久、推进步骤稳妥，2013年起在教指委年会上提出，历经4届教指委年会会议反复审议，又在广泛听取教育主管部门、相关法学院校和专家学者意见的基础上推进的。

（一）调整原则

2017年6月18日法学专业核心课程的调整遵循的原则如下：

---

[1] 关于我国法律职业伦理教育必要性和可能性问题的专门研究，可参见刘坤轮：《中国法律职业伦理教育考察》，中国政法大学出版社2014年版。

1. 核心课程性质不变的原则

调整要保持所有入选课程核心课基本性质不变。调整方案的一个前提是，所有入选的课程，仍旧是法学专业核心课程体系，其核心课程的基本属性不变，尊重前人成果，保持中国法学教育历史发展的延续性。

2. 增量改革的原则

调整的核心工作在于分类，采取的主要方式是增设若干可选择的核心课程，采取增加而不是减少核心课程的做法，改革以不损害任何学科的基本利益为出发点；通过优化核心课程结构，增加学生自主权，达到减少学生学业负担的目的；通过增加社会经济发展和法治建设急需的课程，最终实现加快法治国家建设步伐的战略。

3. 重基础、出特色的原则

调整要充分反映出法学教育重基础、出特色的原则，将一批基础性、理论性强的课程分离出来。同时，要根据社会发展需求，开放性挑选出若干新兴学科，将其纳入到法学专业核心课程体系中来，积极回应习近平总书记在全国哲学社会科学工作座谈会上提出的要大力发展新兴学科、交叉学科的讲话精神。

4. 包容性、开放性原则

法学是一门实践性很强的学科，为此，法学教育要保持一定的开放性和包容性，以适应社会经济的发展变化。调整方案要充分体现出这一原则，在分类设置法学专业课程的基础上，保持一定的开放性，先将若干各方面发展成熟的学科纳入进来，在条件允许的情况下，再根据各个法学院校的办学特色，开放式吸收新兴学科、交叉学科进入法学专业核心课程体系。

（二）调整方案

经过调整，法学专业核心课程采取"10 + X"分类设置模式。"10"是指法学专业学生必须完成的 10 门专业必修课，包括：法理学、宪法学、中国法律史、刑法、民法、刑事诉讼法、民事诉讼法、行政法与行政诉讼法、国际法和法律职业伦理。"X"是指各院校根据办学特色开设的其他专业必修课，包括：经济法、知识产权法、商法、国际私法、国际经济法、环境资源法、劳动与社会保障法、证据法和财税法等，"X"选择设置门数原则上不低于5门。

对于法学专业学生必须完成的10门专业必修课，其确定具有明确的标准，这些标准包括：①基础性。这些课程本身必须是法学最基础、理论性较强的课程，它们必须同时构成其他课程（包括X类核心课程）的基础。②各国通行做法。10门专业必修核心课程的确定应当与国际做法保持一致，这些课程必须是各国法科学生的"标配"。③认同性。确定的10门专业必修核心课程必须是社会上（包括教指委委员）没有争议或者争议较小的课程，具有广泛的社会认同度，能经得起历史检验。

对于X类核心课程的选择，同样要有严格的标准，具体包括：①基础性和继发性。X类课程同样要有一定的基础性，尽管这一基础地位和10门专业必修核心课程相比，程度要低一些，具有相当的继发性，但它们同样要有较强的理论性，能够和其他一定的非核心类课程形成较宽泛的课程模块。②前沿性和交叉性。X类核心课程应该具有一定的前沿性和交叉性，能够将基础理论和实践前沿需求结合在一起，在一定程度上，反映社会多维发展的需求。③社会急需性。X类核心课程必须要反映社会某一领域的迫切需求，有对应的人才需求队伍。

五、法学专业核心课程调整的意义

随着《国标》的正式出台，法学专业核心课程体系的调整工作已经落下帷幕，下一步就是具体落实的问题。法学专业核心课程的改革是一项艰巨的工程，涉及法学教育的发展布局，是一项牵一发而动全身的系统工程。为此，改革过程中需要兼顾各方利益，严密论证，但同时，我们也要看到，法学专业核心课程的调整具有重要意义。

第一，基础的更基础，前沿的更前沿。2017年法学专业核心课程的调整将法学专业课程的分类设置融入基础性和前沿性，回应社会经济发展和法治建设的需求，将社会急需的课程纳入进来，并最终服务于实现加快法治国家建设步伐的战略目标。值得肯定的是，在核心基础课程和核心特色课程基础上，法学专业本着版块建设的课程建设方针，结合具体的必修课程，建设若干门选修类课程。一般而言，一门核心课程对应 1~3 门的选修课程，在内容上，要和相应的核心课程形成拓展与延续。这样做，一方面，可以顾及新兴的法学领域，形成体系化的课程模块，照顾到对特殊领域有着特殊兴趣的学生。另一方面，也能够避免某一课程形成一家独大的局面，消减其他法学专业知识的体系化。这样，真正基础的课程就变得更加基础，真正前沿的课程也有了更广阔的发展空间，既有利于学生自主学习能力的释放，也有利于各法学院系结合自身情况，办出特色、办出风格、办出气派。

第二，切实贯彻落实了培养"德法兼修"的法治专门人才要求。2017 年，习近平总书记在考察中国政法大学时提出了"德法兼修"的要求，要求法治人才培养要坚持立德树人，不仅要提高学生的法学知识水平，而且要培养学生的思想道德素养。法学专业核心课程的调整结合法学学科特点，将法律职业伦理作为法学专业学生必须完成的 10 门专业必修课之一，同时要求强化法律实践教学，培育法科学生关注社会、服务社会的公益服务精神和法律职业伦理，为德法兼修法治专门人才的培养建构起了系统的课程框架体系。

当然，必须指出的是，改革永远在路上，一次法学专业核心课程体系的调整并不意味着法治专门人才培养的时代重任就已经顺利完成。在法学教育和法治人才培养的道路上，我们依旧要认识到，所有的调整方案都可能存在这样或那样的不足，但千里之行始于足下，当我们起步时，一切就有向好的可能。

从共建到共融

——论法院参与法学院人才培养机制之重构

◎戴 国* 张 敏**

摘 要： 本文以司法改革对司法职业者所提出的完善知识结构、提高技能素养、养成职业品格的要求为切入点，针对当前法院参与法学院实践教学功能发挥受限的问题，进行深入剖析，从顺应人才培养导向、完善法律知识和技能结构、强化与司法职业衔接三个维度确定了法院参与法学院人才培养工作的着力点，并提出构建"共融型"培养模式的新思路和具体机制，以期从实质上发挥法院参与前端人才培养的作用，实现与院校双方在人才培养、使用等方面的最大化"共赢"。

引 言

在深入推进司法体制综合配套改革的当下，法律职业建设具有基础和长远意义[1]。司法体制改革对司法人员的职业能力提出了更高标准和更严要求，也对高素质

---

* 戴国，男，北京市海淀区人民法院党组成员、政治处主任。
** 张敏，女，法学硕士，北京市海淀区人民法院教培处处长。
〔1〕 蒋惠岭：《全面深化司法体制综合配套改革》，载《法制日报》2017 年 12 月 6 日，第 11 版。

法治人才的培养提出了紧迫需求。"相对于法律职业这个需求侧，法学教育作为供给侧能否提供有效法治人才供给，是评判法学教育的重要指标"[1]，也有学者旗帜鲜明地提出"法治实践部门应成为法治人才培养的责任主体"[2]。这就是说法学教育决定法律职业的基础底蕴，法律职业又从根本上决定法学教育的培养目标和发展方向。本文以司改背景下法院对司法职业新要求为切入点，对人才联合培养与职业衔接机制进行实证考察和理性反思，以期法院与院校建立更为紧密、有效的合作。

一、问题提出：司法职业新要求与人才培养现状之间的脱节

司法体制改革的一系列举措，从司法能力、知识结构、司法理念等方面对审判人员提出了更高的职业要求。而法学院培养学生的现状与法院对人才的需求尚未精准匹配，主要表现在以下方面：

（一）对知识结构的新要求与法学院教学现状存在偏差

当今社会、科技的迅速发展带来了各领域的深层改革，法院不仅经历着自身体制机制的改革，而且与国家社会经济领域的改革紧密联系。知识产权法院、金融法院等高度专业化的审判机构相继成立，释放出对精通法律、外语及相关专业知识的复合型人才的强烈需求。在司法运行层面，"快播案"等互联网案件、高科技犯罪案件不断涌现，要求法官必须具备交叉学科知识储备和成长型思维，否则将出现知识不济的无力感，难以有效行使审判权。在常规案件办理层面，许多普通案件也呈现出部门法交叉的趋势。

与司法实践对司法者知识结构的迫切需求相比，法学院的教

---

〔1〕 曹文泽：《司法体制改革背景下高校法治人才培养机制的创新》，载《法学》2017 年第 7 期，第 26 页。

〔2〕 廖永安、段明：《中国法学教育的供给侧改革》，载《湖南社会科学》2017 年第 4 期，第 58 页，文章认为："要更加关注法学理论与法治实践的互动和衔接，注重对学生综合素质和实践能力的培养，着重培养学生的创新思维、法治思维。"

学内容基本仍限于本学科，与其他学科交叉融合不足。教学方式注重知识灌输，教材编制以具体部门法的立法结构为基本体例，教师讲解概念、术语、逻辑[1]，对学生知识结构及知识运用效果方面缺乏应有关注，未能建立法律人所需要的完备思维体系，导致学生真正进入实务工作后知识运用能力普遍较弱，知识结构单一。

（二）对能力素养的新要求与法学院培养目标未精准对接

司法改革促使法院工作向更科学、更现代、更符合司法规律迈进。"司法公开三大平台建设"要求实现司法过程全流程公开，庭审直播和裁判文书的公开则是实质化公开。审判人员庭审驾驭能力、裁判文书写作水平等均在网络条件下呈现给社会公众，对其形成提升职业能力的倒逼之势，也对律师、检察官等法律职业者提出了类似要求。尽管法学院明确法律硕士以成长为实践型、应用型法律人才为培养目标，但因法律硕士研究生理论基础较为薄弱，在课程设置上仍类似于本科教学，高质量实践教学非常匮乏；而法学硕士以培养学术型人才为己任，实务课程更受限，但事实上绝大部分法学硕士毕业生也从事实务工作。对智识能力、实践技能培养不足导致两者的法律实践能力均堪忧。

从反向追责而言，司法责任制改革不仅对独任法官和合议庭的职权、审判责任予以厘清，对法官助理等审判辅助人员的职责、责任同样予以规定，要求法官独立裁判，并成为审判责任承担者，从制度上杜绝对审判结果的"审批"做法，即使对职业发展初期的法官助理，也更加强调其专业性和实践性。当前法官（尤其是年轻法官）整体的个人素质离真正达到改革目标还有差距，要成长为合格的裁判者，在职继续教育固然重要，但更离不开法学院对学生能力、素养的培养基础。

（三）职业品格的养成教育未引起法学院的充分重视

《中国共产党和十八届中央委员会第四次全体会议公报》（以

---

[1] 参见王亚新、陈杭平、刘君博：《中国民事诉讼法重点讲义》，高等教育出版社 2017 年版，第 1 页。

下简称《四中全会公报》）明确提出"推进法治专门队伍正规化、专业化、职业化"发展，法官不仅要有扎实的专业素养，还要具备将法治所蕴含的公平正义原则运用到具体案件中的能力，"法律应当被看成为一项有目的的事业，其成功取决于从事这项事业的人们的能量、见识、智力和良知"[1]，具备坚定的法治信仰和良好的职业伦理是成为司法工作者的首要前提。

职业品格的影响体现在司法工作的方方面面，且需扎根于本国法治文化和司法传统进行培养。例如随着法官单独职务序列改革的全面落实，法官的权、责、利得到科学界定和充分保障，其职业操守在审判团队中发挥着由个体到团队的辐射作用，关系审判团队化建设的成败。以"审判为中心"诉讼制度改革旨在重塑控、辩、审三方关系，实现庭审实质化，集中考验法官的职业伦理素养。在人民陪审员改革全面推开的当下，能否真正发挥陪审员制度作用、尊重和保障陪审员参审履职，除了制度建设以外，还取决于法官对司法民主的态度。

而我国法学院课程中缺乏鲜明的职业道德和伦理教育[2]，除了在法硕培养中将"职业伦理"列为专业核心课程外，鲜有院校将其列为必修课，思想品德课程远不能满足法律人的学习要求，与中国国情与司法实践相脱节的教育方式使得法科学生不仅对社会主义法治理念知之甚少，而且对法律职业道德和伦理要求理解不深。在司法实践中具体表现为：对司法事业缺乏敬畏和坚守；与律师良性互动等法律共同体意识不强；对调解等体现司法艺术的作用不能真正理解；对审判机关积累下来的优良传统学习继承不足等。

二、现状检视：法院参与法学院人才培养的效果分析

法学院实践教学已有模式往往停留在形式意义上，实质效果

---

〔1〕 ［美］富勒：《法律的道德性》，郑戈译，商务印书馆 2005 年版，第 169 页。
〔2〕 朱景文主编：《中国人民大学中国法律发展报告 2013——法学教育与研究》，中国人民大学出版社 2014 年版，第 238 页。

堪忧：

（一）对学生应用性、实践性能力培养不足

1. 法院实习效果因"弱组织性"存在目标偏离

"弱组织性"体现在三个方面：一是以自行联系为主、实习时间无法保证。最高院《关于建立法律实习生制度的规定》中，实习期一般为 3~6 个月，然而只有少部分由学校组织的实习能达到 3 个月以上。调查显示，65.2% 的法学专业在校学生曾到法院实习，自行联系与学校统一组织实习的比例为 7∶3，实习期为 1~2 个月的占比达 57.8%。[1]过短的实习期使得学生对司法工作只能取得粗浅了解，法官对实习生缺乏培养动力。二是对实习内容缺乏目标感和针对性。法院对实习生进行随机分配，实习效果参差不齐，对于主动性不强的学生而言，往往成为"书记员的助理"，从事低难度、高重复性工作。三是法院对实习指导老师缺乏甄选机制，法官对实习生培养意识不足。分配实习生时，主要根据"是否缺少审判辅助人员"来安排，而不考虑法官实际指导能力。法官更多从分担事务性工作的角度使用实习生，未从提升能力角度培养实习生。

笔者调查学生实习效果时，选择"了解法院各项事务"的学生达到七成（详见图 1）。大部分学生希望"法官将裁判案件的方法和过程教给实习生"。而学生参与法院实质审判工作的实习效果欠佳。

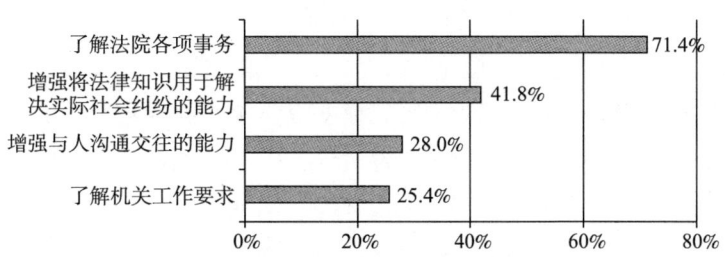

图 1 对学生在法院实习效果的调查结果

---

[1] 为真实了解法学院学生对法院参与实践教学的体会，笔者对 270 名北大、清华、人大、法大等法学院的在校生进行问卷调查，内容见附件 1。

2. 法律诊所、模拟法庭因"难在坚持"形成作用瓶颈

法律诊所的学生可以通过接待法律援助案件，在真实案件的办理过程中摸索实务经验，但受学生可服务于诊所的时间、兼具教学和实务经验的师资与硬件条件等限制和法官参与指导缺乏内在动力等因素，所需成本与实际效益不成比例[1]，未能在培养学生智识性法律思维和实践能力方面取得真正效果。模拟法庭课程由于要投入的时间、精力和其他纯粹输入型学习相比加倍增多，又多为选修课，学生开展模拟法庭的动力不足，甚至需要老师额外加分来鼓励。种种因素使得这些机制未发挥出提高学生实践能力的作用。

3. 司法实务课程因"随意性强"导致融入性缺失

结合实践教学开展情况观察，法官开设的司法实务课程存在体系性弱、知识点散乱等通病，但由法官系统讲授司法实务课程的模式则有成功范例，如最高法院何帆法官在清华大学法学院开设的"中国司法制度与司法改革"课程就在师生中广受欢迎。问卷调查显示，有 76.7% 的学生选择"对法官到学校授课很感兴趣，认为法官能补充老师在课堂上没有讲授的司法实践知识"，但 22.2% 的学生表示"即使有法官到学校做讲座或授课，也是泛泛而谈，收获不大"。可见令人丧失兴趣的不是实务课程本身，而是缺乏系统性、融入性的授课安排。

（二）实习制度的职业过渡作用发挥受限影响效果

法院实行法律实习生制度由来已久，随着法院案件量的持续增长和审判辅助人员相对不足，原本以学生实践为主要目的的实习制度承载了协助法官办理案件的任务，客观上起到了缓解法院人案矛盾的作用。法院实习生人数逐年攀升，笔者所在法院近两年的实习人数年均达 700 人左右。在法院对实习生需求增长的同时，律所、公司法务等法律实务部门也在争取实习生资源，提供优先录用的机会。而法院对实习生以及优秀毕业生的迫切需求与

---

〔1〕 何美欢：《理想的专业法学教育》，清华大学出版社 2016 年版，第 26 页。

实习制度设计未体现内在关联，实习经历难以对学生求职发挥实质作用，因此缺乏显性激励。

（三）司法职业精神的传播程度低

法院参与法学院人才培养使得相关工作更具主动性，然而法官往往侧重讲授业务知识，对司法职业精神弘扬不足，学生到法院实习因很少接触到实质性工作而无法体会司法职业真正内涵。对在校生入职法院因素的调查显示，51.11%的学生选择"户口、工作稳定等客观原因"，选择"能真正投身于我国的司法实践""法官职业尊荣感较强"等因素的只有40%左右（详见图2）。在调查影响其入职法院的因素时，64.81%的学生选择"薪酬待遇原因"，"法官工作压力太大"位列第二（详见图3）。这既说明物质因素、生活保障对于学生的职业选择起着至关重要的作用，也说明学生容易受表面现象、眼前因素等影响，对于职业发展长远规划缺乏思考，对司法职业精神的认知存在明显不足。

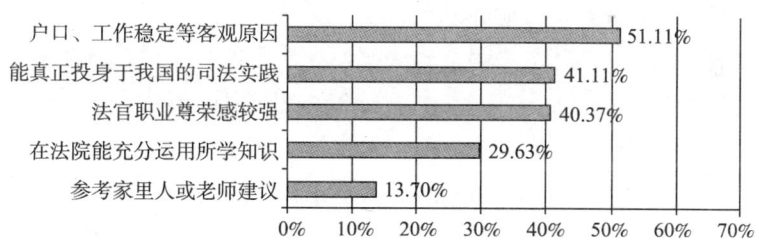

图2　对法院吸引在校生入职因素的调查结果

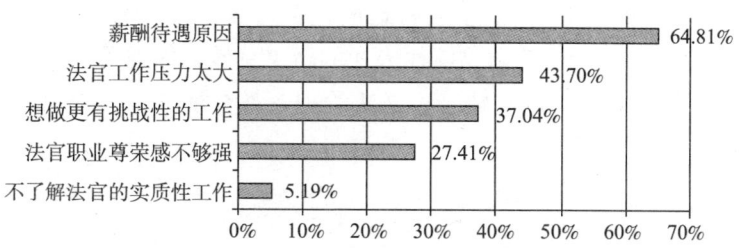

图3　影响在校生不选择入职法院因素的调查结果

三、顺势而变：法院强化参与法学院人才培养效果的三个维度

（一）体系化维度：以"熟悉中国特色社会主义法治体系"为统领加强目标协同

我国法院参与法学院人才培养工作经历了三次重要发展期。

第一次是以法律硕士专业学位教育试点创办和正式实施为契机的高速发展期。[1]教育部门将"实行实务部门参与培养的管理指导体制与培养制度"写入《法律硕士专业学位研究生指导性培养方案》。第二次是以"卓越法律人才教育培养计划"和"双千计划"为目标的深度发展期。2011 年《关于实施卓越法律人才教育培养计划的若干意见》出台，强化了学生对中国司法和法治实际的了解，并且将实践教学作为人才培养工作的重点，建立实践教学体系。[2]2013 年实施"双千计划"。第三次是党的十八届四中全会以来的协同发展期。《四中全会公报》明确，"推动中国特色社会主义法治理论进教材进课堂进头脑，培养造就熟悉和坚持中国特色社会主义法治体系的法治人才及后备力量"，并首次在中央全会文件中提出"健全政法部门和法学院校、法学研究机构人员双向交流机制"。习近平总书记在视察中国政法大学时进一步强调将实际工作部门的优质实践教学资源引进高校，加强法学教育、法学研究工作者和法治实际工作者之间的交流。[3]

这三个发展期均强调实务部门与法学院校之间的交流合作，但是在国家法治发展阶段、制度出台背景、目标侧重点等方面不尽相同。第一次要求法学教育适应社会对法律人才的迫切需要，实现了培养大规模实践型法律人才的历史突破，体现了"实践导向"；第二次贯彻落实社会主义法治理念教育的要求，着力培养

---

〔1〕 曾宪义：《中国法律硕士专业学位教育的创办与发展》，载《法学家》2007 年第 3 期，第 110~111 页。

〔2〕 吴汉东：《以卓越法律人才教育培养为契机全面推动法学专业综合改革》，载《法学教育研究》2014 年第 1 期，第 41 页。

〔3〕 新华社：《习近平在中国政法大学考察》，载 http：//www.xinhuanet.com/politics/2017-05/03/c_1120913310.htm，最后访问日期：2018 年 6 月 5 日。

熟悉我国法治及司法实际的高层次法律人才，体现了"精英化导向"；第三次则是在推进国家治理体系和治理能力现代化的宏观背景下，以构建中国特色社会主义法治体系为目标，要求实务部门与法学院校的合作全方位深入到法学理论体系、学科体系、教材体系、人才培养体系等，体现了"体系化导向"，为共融型人才培养模式提供了强有力的依据。三次发展呈现出由松散到紧密、由外在机制到内在实质逐层递进的发展态势。

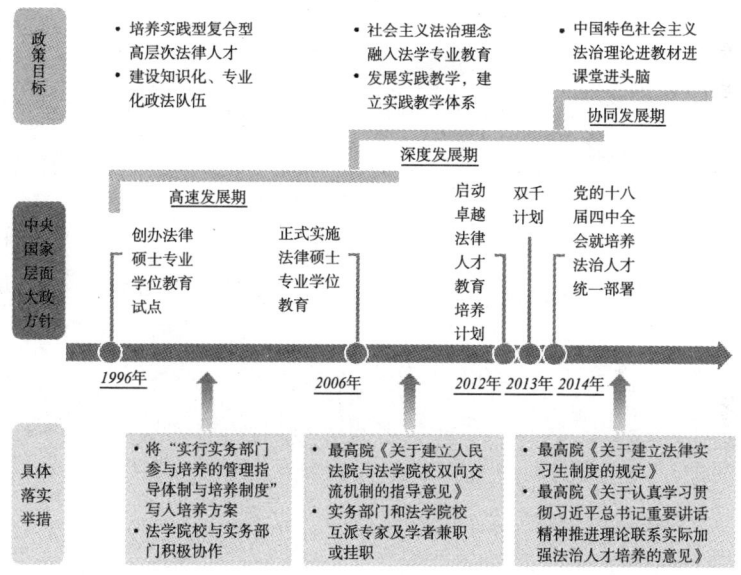

图4　法院参与法学院人才培养经历的三次重要发展期

（二）知识和技能维度：以司法者特有知识与技能补全学生知识结构

1. 司法活动体现法的裁判纠纷功能和调整功能

民法和民诉法的通说认为，纠纷裁判功能和调整功能居于法功能的重要位置。[1]只有（具有法律效力的）判决才能使争议双方根据已经确定下来的法律状态来安排自己的事务。法学院学者

〔1〕 ［德］伯恩·魏德士：《法理学》，丁晓春、吴越译，法律出版社2013年版，第45页。

研究应然层面的法，讲授法律体系和理论知识，而法官专注于实施中的法，即实然层面的法。[1]学生只有通过实践教学，了解具体案件中的法律适用和规则确立过程，才能完成完整的法学学习。

2. 法官运用法律解释、漏洞填补等较高层次法律思维

随着经济社会的快速发展，结构变迁不断产生新的利益冲突，而成文法的滞后性，导致法律漏洞经常性地呈现在法官面前，然而法院不能拒绝裁判，在立法作出明确规定之前，法官也必须运用类推、反向推理、扩展或限缩解释等特殊推理方法来解决法律适用问题，并需符合法律基本价值取向，与立法目的保持一致。这种较高层次的法律思维能力只有在司法实践中才能真正习得。

3. 司法活动考验解决实际法律问题的能力

"在大学的法律教育中，书面上出现的事实被假定为完整且切合实际的，学生只要对他们进行评价就行了。但实践当中如果有一千个事实问题，那么真正的法律问题还不到事实问题的千分之一。"[2]法官在处理具体纠纷时主要精力都放在解决事实认定问题上，需要丰富的多学科知识和审判、社会经验；《关于完善人民法院司法责任制的若干意见》提到的法官助理职责，既包含法律适用职责，也包括程序性工作职责、纠纷解决职责。"辨法析理、胜败皆服"是我国司法者的理想境界。工作中要求的这些知识和能力与法学院注重书本法律知识、侧重理论学习的教学方式相比较，存在"知行"脱节的情况。对于缺失实践教育的毕业生而言，难以应对复杂的法律问题和社会问题。

（三）职业衔接维度：以法院融入法学教育为契机提升司法职业吸引力

实践教学中若学生缺乏"学习获得感"，极易产生倦怠感甚

---

〔1〕 范敏之：《职业伦理：法律职业共同体之基点》，载《厦门大学法律评论》（总第 28 辑），厦门大学出版社 2016 年版，第 65 页。

〔2〕 ［德］伯恩·魏德士：《法理学》，丁晓春、吴越译，法律出版社 2013 年版，第 288 页。

至误解，减损司法职业对其的吸引力。法院工作涉及政治 、经济、社会、文化、生态等各领域，拥有的法律资源比其他任何法律实践部门更为丰富，法院对国家法治建设应起到"全面推动"的作用，法院有义务整合、运用好司法资源，突出职业优势、职业精神对学生开展教学。

在法治人才培养日趋融合的趋势下，对法院而言，其具有将优秀人才引入法院的内在需求；对法学院而言，若实习经历对学生就业具有实质作用，将成为有效的激励措施。两者之间如能建立联系，对双方将是"双赢"。响应"健全法治专门队伍从政法专业毕业生中招录人才的规范便捷机制"政策，法院要实现理想的招录状况和人才队伍的可持续发展，要依托实践教学机制提升对学生的职业吸引力，并建立"规范便捷机制"；法学院作为学生就业的责任单位，也应高度关注司法机关对人才的需求，加强工作联络，引导学生理性择业。即使学生另选他业，在学习阶段受到的司法职业精神熏陶必将影响其整个法律职业生涯，促进法律共同体建设。"法律职业者间越是互相理解、认同和肯定，其结合就越牢固和紧密，则法律职业共同体就越发彰显和持久。"[1]

四、机制重构：共融型法治人才培养模式之建构

（一）理念融合：将中国特色社会主义法治理论纳入教学重点

国家从建设中国特色社会主义法治体系的重要层面明确了法治人才培养的目标，改革现有法学理论体系势在必行。中国特色社会主义法学理论体系是马克思主义法律思想实践化、中国化、当代化的成果[2]，法治理论是核心内容，包括司法改革理论、

---

〔1〕 张文显、卢学英：《法律职业共同体引论》，载《法制与社会发展》2002 年第 6 期，第 32 页。
〔2〕 张文显主编：《中国法学教育年刊》（2016 年第 4 卷），法律出版社 2017 年版，第 7 页。

司法理念和职业精神、司法工作方法论等。[1]法学教育落实"中国特色社会主义法治理论进教材进课程",一方面要改革法学院思想政治课程教学内容,编制新教材,将社会主义法治理念和法律职业伦理设置为重点教学内容[2],将司法改革理论、司法工作方法等作为补充教学内容,创新教材编写机制,传授与时代主题紧密契合的法治理论。另一方面需建立由法官直接参与的教学方式。解决了"教什么",还要研究"怎么教"。可由模范法官参与讲授司法职业精神、司法理念和体现社会适应性的工作方法,协助法学院形成富有感染力的"法学德育"体系。

(二)知识和技能融合:以法官特有的知识和经验完善法治人才知识结构

结合上文对法官特有知识和技能的分析,建议围绕法官思维方式、司法过程、职业伦理三方面开展融合式教学,加强法官与教师的深度合作,兼顾传授知识和培养技能。

1. 构建"嵌入式"融合教学机制传授法官思维

案例分析和裁判文书写作是案例教学的常见形式,但要真正实现思维方式的养成,还需加强课程内容整合和体系完善,一方面应将课程与学校的教学大纲相融合,根据法学知识点,组织法官有针对性地讲解案例,从理论和实践两个维度同时教学,帮助学生加深理解;另一方面在实践课程中可充分结合审判实践最新动态,实现部门法、交叉学科知识的融合,推动院校课程、学科体系朝着社会发展的方向进行开放式革新。

2. 创新实践教材合作编写机制介绍司法过程

教材体系是支撑学科体系发展的基石,实践性教材编写可作为创新的突破口。司法过程是在法官主导下推进的程序,包含诉

---

〔1〕 张文显主编:《中国法学教育年刊》(2016 年第 4 卷),法律出版社 2017 年版,第 8 页。

〔2〕 此举见 2017 年 7 月上海政法学院全面启动的教学改革,是上海高校课程思政教育教学改革试点工作。参见王瀚主编:《法学教育研究》,法律出版社 2017 年版,第 76 ~ 77 页。

讼程序法、证据规则、司法制度等相关内容，只有在实践语境中才能被更好理解，实践教学在此类课程中具有广阔的适用空间。法官和教师合作编制司法实务课程教材，不仅能够增强实务课程自身系统性、完整性，还能与学校教学相协调。国外有法学院曾尝试与研究机构制作以真实案卷组成的教案，以模拟法庭的形式完成证据法和审判辩护课程的教学。[1] 国内院校亦可更进一步，以诉讼程序法或证据法重点内容制定教材，使学生在实战模拟训练中学习，在提升实践能力的同时理解知识。

3. 建立职业伦理协同讲授机制

是否信奉同一的职业伦理是法律职业共同体区别于法律职业群体或团体的根本点。崇尚正义、信仰法治、保持相对独立是所有法律职业者应当奉行的共同伦理规范，除此以外，司法者、法学家、律师基于各自承担的角色和分工不同遵循着特殊伦理规范。[2] 法学院应更加重视邀请法官、律师共同参与模拟法庭、法律诊所、现场教学等，演绎现实状态下的职业伦理，向学生传播正确的法律职业伦理观念，促进未来共同体价值观的内在统一。

（三）身份融合：以更紧密的职业联系提升人才培养效果

1. 构建以实习为连结点的人才"输送—筛选"机制

《法官助理、检察官助理和书记员职务序列改革试点方案》明确规定，对于法官助理配备不足部分可采取接收法律院校实习生担任实习法官助理方式解决。尽管这项制度早有实践，但从法治人才培养的角度来看，还可在以下四个方面持续改进：

一是实习目的的"研习性"。为避免实习生成为从事简单事务性工作的廉价劳动力，法院与法学院在协商实习项目时需要固定"研习"目的及内容。在此标准下，担任"实习法官助理"的学生应以大三以上年级的本科生或者研究生为宜，层级越高的法

---

〔1〕 ［美］理查德·波斯纳：《法学与司法各行其是》，苏力、邱遥堃译，中国政法大学出版社 2017 年版，第 243 ~ 244 页。

〔2〕 范敏之：《职业伦理：法律职业共同体之基点》，载《厦门大学法律评论》（总第 28 辑），厦门大学出版社 2016 年版，第 60 页。

院对实习生学历的要求也应适当提高。二是学生与指导法官的"双向选择性"。项目宜坚持小而精，对参与学生可由法学院按照品学兼优标准进行一定选拔，使其具有胜任法官助理工作的能力。同时应提高指导老师的资质、能力，根据学生研习意向选择优秀法官来担任，为实习生提供参与实质性审判工作的机会，确保研习效果。三是实习鉴定评价作用的"全面性"。实习的临时性决定了指导老师具有不受"小团队意识"干扰对实习表现进行客观评价的可能性。法官可从能力和态度两个维度对实习生表现进行全面评价。工作能力评价方面，结合法官助理的职责应建立能力区分评价机制（见表1），根据距离审判核心事务的远近和工作难易程度，对能力等级进行排列，指导法官可以就实习生能力上限确定其等级；工作态度评价则主要考察实习生对司法工作的热爱、敬业程度，对以后入职具有较强的参考作用（具体评价体系见表2）。指导法官在进行等级评价时应列明相应理由，以使鉴定内容更客观详实。四是实现与职业衔接的"便捷性"。在实习鉴定评价机制实现标准化、规范化的基础上，应赋予实习鉴定更强的入职参考作用。法院在符合招录条件的前提下，完全有理由优先录用实习评价较好的学生，确立起"实习与就业的规范便捷机制"；同时赋予实习鉴定通用参考作用，在法律职业范围内发挥统一的推荐作用。

表 1　实习法官助理能力分级评价表

实习法官助理职责内容	难　度	重复度	评价等级
书记员所承担的事务性工作	较低	较高	四级
审查诉讼材料、协助法官组织庭前证据交换	较低	较高	四级
协助法官办理财产保全、证据保全措施	中等	中等	三级
协助法官办理组织庭前调解、草拟调解文书	中等	较低	二级
协助法官办理委托鉴定、评估等程序性工作	中等	较低	二级

实习法官助理职责内容	难　度	重复度	评价等级
准备与案件审理相关的参考资料，研究案件涉及的法律问题	较高	较低	一级
在法官指导下草拟裁判文书	较高	较低	一级

表2　实习法官助理工作态度分级评价表

工作态度表现	评价等级
热爱司法工作，善于与人沟通，工作积极认真，主动学习，工作完成质效优良	A级
对司法工作热情较高，沟通能力良好，能根据法官指令完成工作，工作完成质效良好	B级
工作热情一般，沟通能力一般，根据法官指令办理工作时有些小失误，但指出后能及时予以纠正，工作任务勉强能完成	C级
缺乏工作热情，很少主动与人沟通，根据法官指令完成工作时经常出现差错，工作完成质效不佳	D级

2. 建立法官兼职教师参与法学院授课的考核、激励机制

当前对法官兼职教师的权利义务、履职要求、监督评价缺乏配套规范[1]，实践教学流于形式，这样做的长期风险在于影响学生素质和能力培养的质量，法官兼职教师的身份使其有必要与法学院教学目标进一步相融合。

从外部激励而言，需强化对法官兼职教师教学任务的落实，进一步发挥学生评价老师机制的作用，对兼职教师开展学期考核，奖励优秀人员。从内部激励而言，法官担任兼职教师授课作为其理论与经验的总结和成果转化方式，完全可以纳入评选"专家型法官"考量因素，而被评为"专家"的法官则有义务承担培

---

〔1〕　叶青：《"双千计划"有效创新法学人才培养模式》，载《法制日报》2017年6月1日，第3版。

养法治人才的责任，在教学相长中持续激发其在学术理论方面的造诣积累。

3. 尝试开展非全日制法律硕士联合培养工作

根据教育部出台的《关于统筹全日制和非全日制研究生管理工作的通知》，从 2017 年起在职攻读法律硕士实现单证（仅学位证）向双证（学历、学位证）的转变，进一步体现法律专业学位与学术学位"三个同等"地位。[1]非全日制的法律硕士中有一部分非定向的学生并没有稳定工作，具有边学习边工作的意愿，在法院大量招录聘任制审判辅助人员的情况下，可尝试拿出一定比例的聘辅岗位，与法学院开展联合培养非全日制法律硕士试点工作，规范合作机制、明确管理要求，既解决学生在读期间参与法律实践的需求，提升其职业能力，又为法院提供 2～3 年内相对稳定的审判辅助人员资源，实现共赢。

结　语

坚持全面依法治国、建设法治国家呼唤新时代的法治人才。在司法体制改革的大背景下，法院和法学院对法律人才共同培养的意愿同向增强。得益于法院系统对法官职业能力的着力培养，司法反哺法学教育的资源优势日益凸显。本文立足基层法院实际，对法院参与法学教育的"共融型"模式进行系统研究，探索中国特色社会主义法治体系下法学教育在理论、课程、教材、教学方式等方面全方位的创新，促使其源源不断地培养出真正符合司法职业和时代要求的法治人才。期待在法学教育领域的深度融合能为法治人才培养注入强劲活力，在法科学子心中牢固树立法治信仰，筑牢法律职业理想，坚定不移地驶向全面依法治国的目的地。

---

〔1〕 曾宪义：《中国法律硕士专业学位教育的创办与发展》，载《法学家》2007年第 3 期。

附件1：关于对法院参与实践教学的体会及职业选择影响度调查

第1题　在学校期间有没有在法院实习过？　　〔单选题〕

A. 是　　　　B. 否

第2题　实习期间有多长？　　〔单选题〕

A. 一个月　　B. 两个月　　C. 三个月　　D. 四个月以上

第3题　（仅限于在法院实习过的人员回答）你认为自己在法院实习的时间够吗？　　〔单选题〕

A. 不够　　　B. 差不多　　C. 够了　　D. 最好再多点时间

第4题　你认为在法院实习最理想的时间是多久？　　〔单选题〕

A. 一个月　　B. 两个月　　C. 三个月　　D. 四个月以上

第5题　（仅限于在法院实习过的人员回答）你认为在法院学到的哪些知识或技能对你最有帮助？　　〔多选题〕

A. 各类法律知识

B. 法院各项事务

C. 将法律知识用于解决实际社会纠纷的能力

D. 机关工作要求

E. 与人沟通交往能力

第6题　（仅限于参与过法院实习的人员回答）进入法院实习的途径是什么？　　〔单选题〕

A. 学校组织　　　B. 自己联系或同学推荐

第7题　实习经历是否会影响你的职业选择？　　〔单选题〕

A. 会，实习能让学生了解社会对法律的真实需求

B. 不会，职业选择还是根据自身兴趣

C. 不会，实习只是完成学校要求

D. 也许会，实习让学生了解自身知识储备的不足，促使学生回学校后有针对性地抓紧学习

E. 也许会，对于最后进入法院工作的人员会有影响

第 8 题 不论有没有在法院实习过，可能会促使你进入法院工作的原因是什么？ ［多选题（限选两项）］

A. 在法院能充分运用所学知识

B. 法官职业尊荣感较强

C. 能真正投身于我国的司法实践

D. 户口、工作稳定等客观原因

E. 参考家里人或老师建议

第 9 题 可能导致你没有或以后不选择进法院工作的原因是什么？ ［多选题（限选两项）］

A. 法官工作压力太大

B. 薪酬待遇原因

C. 法官职业尊荣感不够强

D. 不了解法官的实质性工作

E. 想做更有挑战性的工作

第 10 题 你对法官到学校授课持什么态度？ ［单选题］

A. 很感兴趣，因为法官能补充老师在课堂上没有讲授的法律和司法实践知识

B. 一般，即使有法官到学校做讲座或授课，也是泛泛而谈，收获不大

C. 不感兴趣，案例在网上书本上也能找到

第 11 题 你认为法学院与法院加强合作交流有必要吗？［单选题］

A. 有必要 B. 没必要 C. 无所谓

重构地方高校法学应用型人才的教学资源体系[*]

◎冯汉桥^{**}

摘　要：法学应用型人才培养是一种资源密集型教育。目前地方高校法学院的教学资源体系存在着缺乏统一规范指引、不适应经济社会发展要求、配置不合理、缺乏稳定多样的来源渠道等一系列问题，应在满足专业素养的各方面要求、贴近现实、注重层次性与反馈互动性等原则下加以重构，该重构体系包括理论教学资源体系、技能实操教学资源体系和问题情景创设与解决资源体系三个基本组成部分。

关键词：教学资源 应用型人才 专项技能 实践教学

教学资源指一切可以用于支撑教育、教学的物质条件、自然条件、社会条件以及媒体条件，是教学材料与信息的来源。教育部 2018 年公布的《普通高等学校法学类本科专业类教学质量国家标准》（以下简称《国

* 课题项目：湖南省教育科学"十二五"规划课题"地方高校法学应用型人才培养的教学资源支撑体系研究"（课题编号：XJK015BGD021）的阶段性成果。

** 冯汉桥，男，湖北武汉市人，湖南工业大学法学院副教授，法学硕士。主要从事法学专业相关课程的教学与研究工作。

标》）中明确，法学类专业人才培养的目标是"复合型、应用型、创新型"法治人才，由此确定法学教育的基本目标是培养法律从业者，而不是培养法学教授。教学资源是法学应用型人才培养的基础，与应用型人才培养存在内在逻辑关系，决定着人才培养的方向、方法和效果。相较于理论型人才，应用型人才培养是一种"资源密集型"教育，对教学资源的要求更高、更丰富和更贴近现实，其培养目标能否实现更多地依赖于各种教学资源的优化配置。[1]

目前，地方高校法学专业培养的重心在知识体系和思辨能力，偏离了学生专业技能和社会服务能力的培养导向。法学人才培养的研究大多关注法学教学法，也涉及一些现代教学手段（如网络教学、云课堂、MOOC、微课）在法学教学中的运用，但对于教学资源的研究重视不够，特别是对教学资源的体系化及管理运用的研究十分欠缺。因此，如何依据地方高校现有条件，构建有利于法学应用型人才培养的教学资源支撑体系，是一个必须要加以研究解决的问题，这正是本文的出发点。

一、存在的问题
（一）缺乏教学资源体系配置的统一规范指引

目前，我国在法学人才培养的教学资源体系配置上，还没有一个统一的指导标准。2018 年公布的《国标》为法学教育提供了统一的国家标准，该《国标》包括概述、适用专业范围、培养目标、培养规格、课程体系、教学规范、教师队伍、教学条件、教学效果、质量保障体系和附录等十个部分，这对于法学教育质量的提高无疑具有重大意义。但是，由于该标准所涉及内容的广泛性和普遍性，该标准对于教学资源仅提出了一些原则性要求，包括要求课堂教学要"教学资源丰富"，对于教学资源体系如何配置未提出明确具体的要求。正如教育部陈宝生部长所讲的"质量

---

〔1〕 Butler, Margaret, "Resource Based Learning and Course Design", *Law Library Journal*, 2012, pp. 26 – 28.

为王、标准先行"，有了教学资源的配置标准才能有所遵循，才能进行有效监管和评价。对于地方高校而言，由于教学资源受经费和社会资源限制，教学资源体系的构建困难重重，在没有统一规范指引的情况下，要么重视不够、能省则省，要么结构错位、针对性不强。

（二）教学资源体系不适应经济社会发展要求

现有教学资源体系仍旧建立在兰德尔法学教育体系（Langdellian system）的专业学习需要基础之上，其所倡导的案例教学法和苏格拉底纠问式教学法重在培养学生的思辨能力。但从 20 世纪 90 年代起，法学教育理论已经发生了重大变化，法学教育的重心已经转向注重学生处理实际问题能力，以培养学生具备提供社会服务的能力为导向，注重实际技能和职业品德的形成，学生除了要掌握法律分析方法外，更要学会适应社会要求的各种技能，包括学会人际交流、处理社会问题、开拓服务市场等技能。[1]

"新常态"、"一带一路"、电子商务、共享经济、网络营销、网络法庭等经济社会发展形态不断涌现，法律问题更加复杂；经济发展引起财富的增加、观念的变化，社会构成更加多变和复杂；法律从业者所面临的就业市场也在发生很大的变化，一方面社会管理和经济形态的变革使法律问题更加复杂，另一方面市场竞争也趋激烈。现有教学资源体系对于新经济形态和社会需求没能做出相应调整，电子商务法、网络法庭和网络证据、对外投资、老年法等新兴法律领域教学资源没有跟上时代发展的要求，而且几乎没有学院提供法律职业市场营销的训练资源。

（三）教学资源体系配置不合理

这一问题主要表现在：①学术型教师与实践型教师比例不当，教师评价以学术成就为导向，实践型教师的录用和培养不足；②理论性教学资源与实践性教学资源比例不协调（包括实务

---

〔1〕 Jonh Lande，"Reforming Legal Education to Prepare Law Students Optimally for Real-World Practice"，*Journal of Dispute Resolution*，Vol. 2013，pp. 8 – 12.

型教材与理论型教材比例不协调）；③校内教学资源与社会教学资源的运用程度不合理，资源沟通和共享机制不畅；[1]④传统教学资源与现代教学资源融合不深；⑤教学资源的针对性、系统性不强，缺乏针对专门技能（包括写作、调解、谈判、人际沟通等）的训练资源；⑥非专业性能力（情商、团队合作、领导能力等）与专业能力资源不协调。

（四）教学资源缺乏稳定多样的来源渠道

由于缺乏政府引导和社会支持，地方高校法学院在教学资源的来源渠道上比较狭窄，且未能有效管理和充分运用。例如，对网络教学资源或微课资源等各学院不能实现共享，如果要购买往往又缺乏资金，只能依靠自身力量开发，很难满足培养应用型人才的需要。一般而言，法学院会与地方法院、检察院、律师事务所等合作，并挂上"实习基地"之类的牌子，但这些基地由于没有专业的校外指导老师，合作各方也没有明确的目标和内容安排，能够提供的专业实训往往不全面、不系统，作用发挥不稳定。法学院与学生今后的潜在服务单位（包括一般的企业、事业单位，以及社会组织、社区甚至个人）合作较少，这方面教学资源的开拓未引起足够重视。

二、体系重构的原则要求

（一）制定构建教学资源体系的指导性文件

构建应用型人才培养的教学资源体系是一个对理论性和实践性均有很高要求的工作，仅依靠地方高校自身的力量很难完成，一个普遍适用的指导性文件能够帮助法学院找到自身的不足，引导其有效开发和利用教学资源。而普遍指导性文件的制定，又需要集合多方力量，通过多方合作才能完成，在这方面全国性协会或研究机构可以发挥统筹协调的作用。在美国，有美国律师协会（ABA）、美国法学院协会等机构，影响美国法学教育的三大报告

---

〔1〕 李华耕等：《试析应用型法学人才的合作培养模式》，载《新余高专学报》2012 年第 2 期。

[1921 年《里德报告》（The Reed Report）、1979 年《克莱顿报告》（Cramton Report）和 1992 年《麦克特报告》（MacCrate Report）] 就是在 ABA 主导下编写的。在我国，律师协会在法学教育方面发挥的功能较弱，对全国法学教育有较大影响的是教育行政部门和法学研究部门。2000 年成立的法学教育研究会是我国全国性、专业化的法学教学研究机构，该会在人才培养方面有很多研究成果，可以在这方面发挥重要作用。当然，这种指导性文件并非强制性要求，还要允许各地根据实际情况做出变通，这项工作可在各地方法学会主导下完成。

（二）功能上要满足专业素养的多方面要求

未来社会对法学专业人才素养的要求是多方面的。美国 1921 年《里德报告》中就提出法学生在进行专业学习之前，至少要进行两年的其他专业的学习，这成为现代美国法学教育的一个显著特征。在 1979 年《克莱顿报告》和 1992 年《麦克特报告》中，也都建议法学院要强化对从事法律职业起关键作用的专项技能训练。1992 年《麦克特报告》中还列出了法学院学生在毕业时应该掌握的技能：问题解决；法律分析和论证；法学研究；事实调查；人际沟通；谈判；诉讼和替代性争端解决程序；法律工作的组织与管理；识别与解决执业道德难题。因此，仅仅有专业理论知识是远远不够的，应包括通识知识、其他专业知识与主要法律执业技能，例如学习金融法就需要学习相关金融知识。这些知识和技能对从事法律工作十分关键，但由于重视不够加上专门教学资源的缺乏，现在法学院中没有提供给学生这些技能的专项训练。[1]

（三）贴近现实，能激发学习兴趣

按照人性主义学习理论，能够满足学生需要的教学内容与方式最有效率。在构建教学资源体系时，要考虑到学生的实际需

---

[1] Robert Rubinson, "The Holmes School of Law: A Proposal Reform Legal Education Through Realism", *Boston College Journal of Law & Social Justice*, 2015, Volume 35, pp. 43 – 55.

要，那些能够最大可能满足现实需要的学习内容，就是学生的兴趣点。而按照建构主义学习理论，真正的知识来源于学习者对于周围环境的体验，多彩的现实生活蕴藏着丰富的知识。所以，为学生提供尽可能丰富的现实环境，特别是要跟踪经济社会发展的新热点和发展方向开拓教学资源，使学生能够在现实环境中去体验和领悟专业知识、锻炼实际技能，能够激发学生的学习动力，更主动地学习，更好地掌握有用知识。[1]

（四）具有层次性与反馈互动性，尽量增加学生参与度

行为主义学习理论认为，只有在理解了简单的问题之后，才能进一步理解较为困难的内容；认知主义学习理论也认为，人对知识的学习是以前面的学习为基础的，只有在前面的学习内容掌握了之后，才能在此基础上理解更复杂的内容。因此，教学资源应该具有一定的层次，能够根据学生掌握的情况，配置难易和复杂程度不同的教学资源条件，满足不同培养需求层次的学习训练要求。[2]

以巴甫洛夫条件反射和转化为基础建立起来的行为主义学习理论认为，人们的学习是通过对周围的及时反馈来建立、调整和巩固的，及时的反馈、互动对于知识和技能的掌握非常重要。在构建教学资源体系时，应尽量使这些资源具备及时反馈功能。增加互动性能够提高及时反馈功能，但要注意这种互动的参与度问题。我们在日常教学中一般会设计与学生互动环节，但往往只有很少一部分学生能够参与，其他大部分学生只能观察，这种替代性学习（vicarious learning）对大多数学生来讲并不能起到及时反馈的作用。[3]要采用一些能使更多学生参与的资源或资源利用方

〔1〕 Micheal Hunter Schwartz, "Teaching Law by Design: How Learning Theory and Instructional Design Can Inform and Reform Law Teaching", *San Diego Law Review*, Vol. 38, 2001, pp. 379 – 382.

〔2〕 吕波：《"互联网+"时代高校法学教育的应对》，载《黑龙江高教研究》2017 年第 11 期。

〔3〕 杨静：《法学教学中参与式教学初探》，载《教育理论与实践》2009 年第 9 期。

式，包括施行小班制、采用即时全面推送抢答的教学软件等，以尽量增加学生参与度。

（五）实现教学资源形式和汇集渠道的多样化

按照认知主义学习理论，学习材料的多样化能够便于学习理解知识，多样化的知识呈现和技能训练有利于知识的全面理解和技能形成。在构建教学资源体系时，要尽量体现形式的多样性，充分整合现代教学资源与传统教学资源、校内教学资源与社会教学资源、理论教学资源与实践教学资源等，使知识与技能能以多种方式、在多种环境下呈现，从而提高理解的全面性和深度，强化知识的运用能力训练。[1]

实现教学资源形式的多样化需要汇集多种渠道的资源，地方高校要充分利用与所在地方联系紧密的优势，形成系统性的校外人员、设施、场所教学资源体系，特别是强化与律师协会和律所的协作，争取资金支持，创设法律诊所项目，提供公益性法律服务岗位。

三、教学资源体系的构成

教学资源体系可分为人的资源和物的资源，其构成要与教学目标、教学模式与具体方法协调一致，具备较高的配置效率。应用型法律人才培养的教学资源体系要能将理论学习与技能训练有机结合，特别是注重技能训练的要求。我们在学习技能（如游泳、驾车、下棋等）时，对基本理论和规则的理解、基本操作的反复练习、对于可能出现的各种情况的预设和模拟演练缺一不可。法学应用型人才培养是以形成技能为导向的，依此类推，其教学资源体系要满足三个方面要求：①理论学习；②技能实操；③问题情境创设与问题解决。对应地，其教学资源体系也可分为以下三个部分：

---

〔1〕 张珵、曾凡证：《微课在本科法学教学中的应用研究》，载《南昌师范学院学报》2016 年第 10 期。

（一）理论教学资源体系

应用型人才培养中，理论教学仍然十分重要，特别对于低年级学生而言更是如此。还有一个很重要的原因是，法学生是以通过法律职业资格考试（"法考"）为现实目标的，而"法考"考查的基本是理论掌握和分析能力。在人的资源方面，主要是合理配置本专业敬业的法学院教师，教师的水准在很大程度上决定了此部分教学资源的层次，教师的专业水平、教学能力和敬业精神决定了教师资源的质量水平，应着力提高。物的资源包括教材与辅导书、案例资源、试题与练习题资源、现代教育技术资源（云课堂、微信群、微课、MOOC）等。目前，法学专业的 14 门核心课程都有国家统一要求使用的"马工程"教材，应着力构建与之配套的辅助性教学资源，特别是案例与练习题，并要注意与"法考"的衔接。

（二）技能实操教学资源体系

技能的培养是通过实际操作、体验实现的，技能实操教学资源的构建对应用型人才培养意义重大。在人的资源方面，应以聘请校外老师为主。在美国，请律师担任实践性强课程的辅助教师是一种常态，因为校外教师的优势在于与实践接触紧密，教学材料来源于现实问题，能够提供最新、最完整的现实问题，学生能通过他们了解现实的问题和需求。地方高校可以利用与地方的紧密联系，聘请有丰富实践经验和教学意愿的律师、法官、检察官、仲裁员、公司法务等司法实务工作者担任一些实践性较强课程的兼职教师，或者作为实习、实务类课程的指导教师。在物的资源方面，主要包括模拟法庭、实习基地、实训室等。地方法学院均有模拟法庭，可以模拟刑事、民事、行政审判及仲裁的开庭过程，也能训练案情分析、证据收集整理、法律文书撰写、辩论、总结等技能，是进行庭审技能实操的主要方式。地方法学院一般与政法机构通过协议方式设立实习基地，学生因此有机会更直接地进行一些实际技能的操作。有效发挥实习基地的作用，一方面要增加基地类型的多样性（例如增加在企业或社区的实习基地），另一方面要制定和实施好实习基地管理制度，切实发挥好实习基地的作用。技能实训对于培养学生所必须具备的某些单项技能十分必要，但目前地方高校法学院中真正建立专项技能实训室的很少，应着力加强，一般应建立专业写作、商务谈判、辩论、演讲、疑难案件辨析等专项技能实训室，专项技能培训师资则以本校相关专业教师为主。

（三）问题情景创设与解决资源体系

问题情景创设与解决资源体系的目标是，通过尽可能贴近现实的方式，使学生在模拟的现实环境中，以解决问题为目标任务，通过互动、小组协作等方式，提高发现问题和解决问题能力，锤炼意志品质，培养组织能力和团队精神。在人的资源方面，以法学院老师为主导，在涉及实务操作方法问题时，可寻求校外老师提供协助。在物的资源方面，主要包括情景创设资源、问题解决小组资源、互动性教学资源、法律诊所等。情景创设资源主要用于模拟教学情景，模拟教学在国外使用得还是较为普遍的，与模拟法庭不同的是，其应用范围更广、更灵活，主要是进行角色扮演，可以在课堂上进行，其所需求的教学资源也相对较简单，主要包括设计好的剧本、简单的制服、基本的道具、合适的场地等。问题解决小组资源用于完成小组学习任务，通过团队协作实现互相学习交流、培养合作精神，需要提供的资源主要包括任务题库、完成相关任务必需的材料、完成作品展示装置等。互动性教学资源用于生生与师生互动，主要提供专门的互动场所，例如答疑室、复杂问题讨论室等。法律诊所用于法律诊所式教学，即在教师的指导下，将学生置于真实的问题情景，实际面对和处理法律问题。法律诊所需要的资源相对而言较多，特别是在办案资质的取得、实际案源的开拓、办公场所和办公条件的配备、办案经费的保障等方面，需要较大的投入。办案资质方面，可以通过多途径解决，如果法学院有法律援助中心，可以直接对接。还可以与司法局、社区、工残妇消等组织联合，通过提供公益、志愿服务方式取得案源。

课堂与教学

Curriculum and Teaching

本科法律社会学课程教学内容和教学方式的建构与创新[*]

◎刘振宇^{**}

摘　要： 当前我国本科法律社会学教学面临着"教什么"和"如何教"的问题，迫切需要对其教学内容体系和教学方法模式进行建构和创新。建构本科法律社会学课程教学体系应当遵循坚持马克思主义为指导，推动法律社会学中国化、本土化和现实应用，防止教学内容过度学理化与随意性等原则。同时，通过引入问题导向教学法、互动式教学法、影视案例教学法，不断创新本科法律社会学教学模式，并在课程组织安排方面要特别注意科学设计翻转课堂、在线开放教学活动和改革课程考评方式。最终实现本科法律社会学教学理论与实践的统一、移植与本土的结合、教师与学生的互动、课堂与课后的衔接以及知识与能力的并举。

关键词： 法律社会学　教学内容体系　教学方法模

---

　　* 基金项目：本文系宁夏大学本科教学工程项目"《法律社会学》课程教学内容模块创新和教学方式改革研究与实践"（项目批准号：NXDX2018004）和宁夏回族自治区研究生教育创新计划示范课程建设项目"法社会学"（项目批准号：YKC201605）阶段性成果。

　　** 刘振宇，男，汉族，山西霍州人，宁夏大学政法学院副教授，宁夏大学图书馆副馆长，主要从事法学理论教学与研究。

式　建构与创新

一、本科法律社会学的教学现状及其存在的问题

法律社会学肇始于 19 世纪末 20 世纪初西欧北美的发达国家，是一门旨在研究法律和社会关系以及"社会中的法"的跨专业课程，是社会学与法学相结合形成的交叉学科。由于新中国法律社会学起步于 20 世纪 90 年代初，学科发展尚未成熟，课程设置历史较短，虽然不少高校逐步将其纳入本科人才培养方案，作为社会学或法学专业的选修甚或是必修课程。但与其他发展成熟的课程相较，我国本科法律社会学尚缺乏共识性的教学内容体系和创新型的教学方法模式，长期处于"各起炉灶""各自为战"的摸索阶段，实践中便不可避免地存在着诸多问题。

（一）法律社会学"教什么"的问题

截至目前，国内的法律社会学教材主要有：苏梅凤的《法律社会学》（1990 年）、封曰贤的《法律社会学应用引论》（1997 年）、马新福的《法社会学原理》（1999 年）、田成有的《法律社会学的学理与运用》（2002 年）、李瑜青的《法律社会学导论》（2004 年）、朱景文的《法社会学》（2013 年第 3 版）、付子堂的《法社会学新阶》（2014 年）、郭星华的《法社会学教程》（2015 年第 2 版）等，此外，王子琳、赵震江、李楯、陈信勇、胡平仁、刘焯、高其才等学者也相继编写过法律社会学教材。[1] 经过二十多年的发展，我国法律社会学教材建设取得了长足进展，学者们基于不同的学术自觉编写的各种教材为当前法律社会学本科教学奠定了重要基础。但与此同时，我们也应看到法律社会学教学内容体系方面存在的不足之处：一是相较于成熟的法学和社会学核心课程，法律社会学参考教材数量较少，授课者选择范围受到限制；二是不同教材体例和内容分歧较大，甚至连教材名称都

---

〔1〕　陈寒非：《中国法律社会学教材的发展与流变——基于国内教材类著作的学术史考察（1987—2012 年）》，载《社会中的法理》2014 年第 1 期。

未实现统一；三是教材内容多以事实案例列举为主，分析解决问题较少，偶有论述也多寥寥数语；[1]四是某些教材深受西方法律社会学学理影响，欠缺对"中国问题"的应有关注，忽视了法律社会学的本土转化。五是有些教材重理论、轻应用，内容学理化色彩浓厚，个别教材实为学术论文合集，难以为本科学生所理解和掌握。是故，建构什么样的本科法律社会学教学内容体系（即所谓"教什么"）就成为授课者首先要解决的问题。

（二）法律社会学"如何教"的问题

由于法律社会学属交叉边缘学科，在本科人才培养体系中的地位本身不高，加之高校长期以来普遍存在的重科研、轻教学的风气，当前本科法律社会学教学方式仍以沿袭传统"填鸭式"理论教义法为主导。"以教师为中心"为典型特征的理论教义法优势在于知识讲授的体系性和全面性，但其缺陷也是显而易见的。其一，理论教义法注重"知识传授"，而忽视"问题解决"，不能有效地将学生所学的法律社会学知识转化为分析解决现实法律问题的能力。其二，法律社会学传统课堂讲授缺乏师生、生生之间的互动交流，囿于学习空间和资料的限制，教学活动难以向课后延伸，更遑论学生个性化的自主学习。其三，法律社会学教学虽不乏案例征引，但传统案例教学存在以下问题：一是纯粹文字形式的案例教学不够直观、生动，教学挖掘空间有限；二是现有教材中多为西方化案例，由于社会文化的差异，学生理解较为吃力，并容易导致对"中国问题"的忽略；三是无法实现法律社会学的教学目的，传统案例教学是为了获得法律内部的认知，通过案例理解法律概念、原理、规范和制度，而法律社会学坚持"法之理在法外"，关注的是法律和社会的互动以及社会要素对法律实施的影响。因之，创新什么样的本科法律社会学教学方法模式（即所谓"如何教"）就成为授课者亟待解决的重要课题。

---

〔1〕 丁卫：《法律社会学在当代中国的兴起》，载《法律科学》2010 年第 3 期。

二、市科法律社会学课程教学内容体系的建构

(一)建构法律社会学课程教学内容体系的意义

教材(即教学内容体系)通常最能够体现一学科的基本理论、结构范式和发展态势,是衡量学科发展程度的一个重要指征。[1]我国法律社会学是 20 世纪初"西学东渐"时代背景下的"舶来品",早期的法律社会学教材也是在西方概念、理论和话语体系包裹中建构起来的。诚然从西方借鉴移植智识传统乃是中国法律社会学发展的必经阶段,但学科形成之后依然唯西方理论"马首是瞻"实为不妥。西方法律社会学理论未必普适中国的社会情境,也不可能解决所有的中国问题。基于这一认知,朱景文、汤唯、郭星华、高其才等学者在其编撰的教材中不断践行着法律社会学中国化的理论自觉和文化自信。虽然建构中国风格的法律社会学内容体系尚处于开拓阶段,不同学者意见不一,研究也还比较薄弱,但法律社会学中国化已成为学界的普遍共识。中国的法律社会学需要立足中国实践,反省和修改西方学说理论,深入挖掘本土经验的内容素材,才能建构具有中国特色并能够与西方理论对话的中国法律社会学。[2]

(二)建构法律社会学课程教学内容体系的原则

其一,坚持马克思主义指导思想不动摇。西方法律社会学存在众多学术流派,我们不应以一种思想束缚、排斥乃至取缔其他学说理论,但学术自由绝非不加甄别的"拿来主义",学习西方法律社会学理论的目的不是削弱而是要巩固马克思主义的指导地位。本科教学肩负着"为谁培养人,培养什么样的人"的政治使命,因此必须旗帜鲜明地指出我们建构的是具有中国特色马克思主义法律社会学。其二,增强自我意识,推进法律社会学的本土化。中国法律社会学教材必须从西方问题转向中

---

〔1〕 萨其荣桂:《中国法社会学的理想图景——读郭星华〈法社会学教程〉》,载《法律社会学评论》2014 年第 1 期。

〔2〕 高其才:《法社会学中国化思考》,载《甘肃政法学院学报》2017 年第 1 期。

国问题才能获得强大生命力，才能从边缘走向中心。其三，转变教育重心，从注重理论教学导向应用实践。[1]法律社会学奉行经验实证主义，这决定了法律社会学本身属于实践应用型课程而非知识讲解型课程。可喜的是不少学者已开始自觉推动这一转向，但其深度和广度仍需进一步深化和拓展，同时还应强调绝不能将理论与应用人为割裂开。其四，围绕本科实际，切忌教学内容的过度学理化与随意性：一是"防深"。法律社会学学说流派的理论教学不可或缺，但要结合本科生的接受能力，防止因一味地译介、述评学理而沦为纯粹的西方法律社会学思想史。二是"防泛"。社会学研究内容纷繁芜杂，故初传入中国时被译为"群学"，[2]加之新中国法律社会学发轫较晚，基本问题争议颇大，因此当前实践中法律社会学教学内容呈现出相当程度的多元化和开放性。诚然"百家争鸣"确实有助于中国法律社会学的发展繁荣，但同时也须注意，多元化不代表任意凌乱，法律社会学教材亟需建构共同的基本体例结构；开放性也不意味包罗万象，法律社会学教学内容应具备共识的基本逻辑范式。

（三）法律社会学课程教学内容体系的建构安排

为落实上述四项原则与践行法律社会学中国化的尝试，在吸收借鉴西方法律社会学基本理论和我国法律社会学教材体例结构的基础上，结合当代中国法治实践问题以及自己长期教授该课程的经验，针对现有法律社会学教材教学内容泛化、内在逻辑不强、西方化和学理化色彩浓厚等问题，笔者认为可以"基础篇→理论篇→应用篇"三编六模块的体例结构来安排我国法律社会学课程教学内容体系。具体内容如下表所示：

---

[1] 张建：《论本科层次的〈法律社会学〉课程设计》，载《中国法学教育研究》2015 年第 3 期。

[2] 朱景文：《法社会学》，中国人民大学出版社 2013 年版，第 46 页。

法律社会学课程"模块化"教学内容体系表

教学体系		教学目标	教学内容
第一编：基础篇	模块一：法律社会学概论	系统阐述法律社会学学科一系列基本问题和基础知识。	法律社会学引论（概念定义、研究对象、学科特征、与其他学科的关系、功能作用等）；社会学视域下的"法律"（法律多元主义、行动中的法）；法与社会研究框架；法律社会学方法论（研究范式、研究方法）等。
	模块二：法律社会学学术史专题	扼要介绍法律社会学学术史发展历程、学术脉络及其代表人物和经典理论。	法律社会学历史发展概述；欧洲的法律社会学（孟德斯鸠、埃利希、迪尔凯姆、韦伯等）；美国的法律社会学（庞德、现实主义法学、行为主义法学、批判法律运动）；马克思主义法律社会学；中国的法律社会学等。
第二编：理论篇	模块三：法与社会关系一般理论	创新教学方法讲授法与社会之间的复杂互动关系，"由社会揭示法律，以法律透视社会"，使学生理解法律并非自封闭系统，法律运转是在特定社会情景下展开的。	法与社会关系通论（法与经济、法与政治、法与道德、法与文化、法与科学技术等）；法与社会关系典型个案剖析——以影视案例和法律与文学为视角（例如：以《秋菊打官司》透视中国乡土社会基层法治；从《窦娥冤》看法与科技和文化的关系）等。
	模块四：法与社会关系具体理论	借助社会学知识范式和本土化案例讲授法律运行、法律效果与时空结构、社会构成、主体角色之间的相互作用和影响制约。	法与社会结构；法与社会整合；法与社会变迁；法与社会冲突；法与社会控制；法律社会化与法律意识（守法意识）；社会角色与法律工作者；法律社会学视域下的法律机构等具体问题。

续表

教学体系	教学目标	教学内容
第三编：应用篇	依据实体法与程序法的分类，借助案件社会学和实证研究方法，具体阐释法律社会学的研究重心不是应然层面的"书本上的法"而是实然层面的"行动中的法"，不是"象牙塔"中法律逻辑的理论推演而是当代中国社会现实的法律实践。	法的运行与法律效果；行动中的刑事法律（中国刑事案件中的自由裁量、"交易"和"私了"）；行动中的离婚法（中国离婚损害赔偿和事实婚姻的法律规定与实践）；行动中的劳动法（中国劳动法律"表达"与"实践"的背离）等。

（第三编：应用篇，模块五：行动中的法 / 模块六：司法社会学）

其中模块六：司法社会学对应内容：社会学视野中的司法；解决争端方式选择的条件；社会发展与中国的人民调解；社会变迁与中国的民事诉讼率；多元司法：中国基层社会的纠纷解决方式；乡土秩序与民间"活法"；国家法与民间法/习惯法关系研究等。

三、本科法律社会学课程教学方法模式的创新

（一）创新法律社会学课程教学方法的意义

倡导本科法律社会学"以学生为中心"教学模式的革新既是现代教育认知理论发展的必由之路，同时也是实现法律社会学课程属性和新时代本科人才培养目标的迫切需要，当然现代教育技术的应用和教育信息化的飞跃也为法律社会学教学方法创新实践提供了必不可少的技术保障。首先，不同于传统"灌输式"教育理论，建构主义教育理论认为知识是学习者与学习环境在交互过程中逐步"构造"起来的。[1]法律社会学教学应以学生为主体，教师角色不是单纯的知识讲授者而更应是教学

---

[1] 张亚娟：《建构主义教学理论综述》，载《教育现代化》2018年第12期。

情境的有效组织者，提倡学生能动自主的个性化学习，鼓励学生的创新思维和创造精神，在教师的引导下完成信息加工和知识建构。其次，就课程属性而言，法律社会学属于实践应用型而非理论教义型课程，其教学目标任务不是要提供所谓具体知识的"标准答案"，而是要训练学生自觉运用法律社会学思维分析解决问题的方法、思路和能力。最后，"精英教育"的时代已悄然消逝，本科教育要坚持内涵式发展，满足社会亟需的复合型、创新型、应用型人才的现实需求。本科法律社会学教育应当因势利导，不断深化教学改革，提升学生专业技能和专业精神，提高学生综合素质，在专业知识外还要重视培养学生的问题意识、文献检索、逻辑思维、言语表达、人际沟通、人文素养、批判精神、创新实践的能力以及"对现实法律问题所折射出的更广阔社会事务和人生问题的洞察力"[1]。

（二）法律社会学课程教学方法的创新模式

1. 问题导向教学法

本科法律社会学教学不应是平铺直叙的"流水账"，而应坚持"问题导向"的教育理念，打破按照教材"照本宣科"的既有模式，围绕"问题导向"思路对课程体系进行调整重组，将原先分散的学科知识系统化。与此同时，法律社会学教育目的不只是知识点的背诵识记，更应是理解基础上运用知识解决现实法律问题的能力，不是在"精英教育"下培养"立法者的思维"，而是围绕职业素养训练学生"法律实施的技能"。因此，本科法律社会学应以"问题解决"为核心，运用体现严密内在逻辑的若干"问题链"将教学内容有机贯穿起来，让学生在思考过程中提高获取知识、独立分析和解决问题的能力，在教学过程中实现"学""问""思""辩""行"的有机结合，重视学生"提出问题→分析问题→解决问题"的实例分析能力培养和技能训练，真正做到学以致用、知行合一。

---

[1] 颜毅艺：《论本科法社会学教学的课程安排》，载《法制与社会发展》2008年第 3 期。

2. 互动式教学法

传统理论教义教学模式下，教师实乃课堂教学的权威和中心，学生仅是盲目被动的知识接受者，课堂气氛沉闷单调乏味，单向度的知识灌输不仅很难激发学生的学习兴趣，甚至可能扼杀学生自觉思考的意识。与"满堂灌"教学设计和组织方式不同，互动式教学法是在教师引导下以师生、生生双向合作学习与互动交流为主线的一种教学形态。[1]所谓"兴趣是最好的老师"，教学过程应该是师生之间不断反诘与追问的思辨过程。互动式教学法强调学生课外自主学习，根据教师布置的问题收集资料，课堂上教师组织学生积极开展双向交流研讨，课前学生自学和课堂互动合作是该教学方法的中心环节。笔者的法律社会学教学实践效果表明，互动式教学法有助于提高学生的学习兴趣，活跃课堂教学氛围，实现师生关系的平等和谐，有利于调动学生学习的主动性、角色感与参与度，进而提升学生学习的自主性、探索性和创造性。

3. 影视案例教学法

影视案例教学是依据教学目的要求，教师组织学生围绕影视案例展开分析思考和互动研讨的教学方式。[2]笔者认为，完全可以将视频案例（如影视、戏剧、新闻、法制节目、庭审录像等）运用到本科法律社会学教学实践，教师围绕"知识模块"和"问题导向"选择典型案例，组织引导学生对影视案例展开互动式教学。例如通过《赵娥复仇案》解读中国古代国法与人情之间的紧张关系；通过《窦娥冤》发掘司法技术和法律文化如何影响司法制度的具体运作；通过《秋菊打官司》探讨乡土社会结构下中国基层的法治困惑等。影视案例教学引入本科法律社会学教学具有积极助益：其一，影视案例教学具有直观性、趣味性的特征，有

---

〔1〕 孙海芳：《论互动式教学在法学教育中的应用》，载《教育探索》2011 年第 9 期。

〔2〕 罗光华：《影视案例教学的功能与教学策略》，载《湖北经济学院学报（人文社科版）》2012 年第 12 期。

利于激发学生学习热情，提升课堂教学效果。其二，与传统案例教学相较，影视案例教学能够呈现鲜活案情、动态还原案件过程，同时案例选择上更加关注"中国问题"。其三，传统案例教学是针对部门法学知识的印证，并非将案例作为问题本身，而影视案例教学能够通过发散思维和深入剖析引导学生得出新的结论。

本科法律社会学教学中的影视案例不能信手拈来，素材的选择将直接影响最后的教学效果。教师在选择影视案例时应坚持以下六项原则：一是专业性原则，影视视频要紧扣知识模块，能够为教学服务，切不可偏离主题；二是实效性原则，影视案例能够密切联系现实和追踪时事热点；三是典型性原则，素材中包含丰富的信息内容，便于多角度展开讨论，同时要尽可能多选择本土案例，培养学生关注"中国问题"的意识；四是融会贯通原则，通过经典影视案例以小见大，将不同章节的知识点贯穿起来，提高互动讨论的质量；五是生动活泼原则，便于学生理解接受；六是禁止雷同原则，避免浪费宝贵的课堂教学时间。

4. 应该注意到的几个问题

其一，法律社会学课程开设在本科三年级为宜。互动式教学和影视案例教学要求学生掌握基本的社会学原理和部门法学知识为前提，经过两年的学习，学生已积累了必要的知识储备。同时，问题导向和创新实践的教育理念也对学生四年级毕业实习和论文写作有所裨益。其二，"尺有所短，寸有所长"，新型教学模式固然能够克服传统教学方法的弊端，但必须注意其自身并非完美无瑕，互动式教学和影视案例教学之不足在于不利于学生系统掌握课程知识，并且组织讨论耗费课堂时间较多。因此，法律社会学课程教学方法的创新不是要淘汰或取缔传统教学模式，而应当"执两用中"，将传统理论教义法和新型教学方法的各自优势有机整合起来。笔者认为，本科法律社会学课堂教学时间的合理配置应是 2/3 的理论讲授和 1/3 的互动交流。其三，法律社会学创新教学模式要求"以学生为中心"，但同时还强调"以教师为主导"，这不仅没有削弱教师的教学地位和作用，反而对教师提出了更多更高的能力和素质要求。影视案例教学要求教师能够精心筛选适宜的影视案例，运用信息技术编辑视频资料以及合理安排教学程序，平衡好知识讲授、影视赏析、课堂互动等教学环节。[1]互动式教学则更要求教师具备宽厚的知识积淀、扎实的教案准备、优秀的教学组织和出色的课堂应变能力。

（三）法律社会学课程创新模式的组织安排

1. 科学设计翻转课堂

"翻转课堂"又称"颠倒课堂"，是指将教学内容以教师知识传输为主翻转为以学生为主体的一种教学活动，[2]是本科教学实现静态向互动转型、单一向多元转向、教师为中心向学生为中心转变的重要方式手段，是实施互动式教学和影视案例教学的主要组织形式。笔者认为，本科法律社会学"翻转课堂"可以通过"课前预习→教师讲解→课堂讨论→总结点评→课后作业"五个连贯性教学环节展开（当然实践中往往存在交叉）。一是课前预习阶段。教师提前告知学生预习的内容和任务，并提供相关教学文件以及问题、知识点提示。二是教师讲解阶段。教师对于课程知识的框架结构、重点难点以及相关背景展开讲授。三是课堂讨论阶段。教师运用即问即答、小组讨论、PPT展示等多样化教学设计引导学生交流互动，鼓励学生个性化思考。四是总结点评阶段。教学互动过程中，教师要注意内容上的引导和方向上的把握，并通过总评讲解知识或将课堂讨论引向深入，得出更为深刻的启示。五是课后作业阶段。让学生通过小论文、观后感、案例分析、读书笔记等方式巩固和充实课堂教学知识。

2. 在线开放教学活动

新型教学模式和翻转课堂均强调学生的自主学习，显然传统

---

〔1〕 颜毅艺：《论本科法社会学案例分析教学法的应用》，载《大庆师范学院学报》2008 年第 4 期。

〔2〕 崔丽：《论翻转课堂在高校法学本科教学中的应用》，载《广西民族师范学院学报》2010 年第 5 期。

课堂教学无法满足，这就需要借助教育信息化手段实现教学活动的在线开放。笔者教学实践表明，将法律社会学教学资料（包括课程简介、教学计划、教学大纲、教案课件、微课视频、教辅材料、推荐阅读书目等）上传至在线学习平台，既有利于学生课前预习和课后自学，又便于教师对教学文件的及时更新与保存。但要注意的是，在线开放课程建设绝非仅是将教学资源上传网络的简单过程，更重要的是师生能够充分利用在线学习平台即时性，无障碍、零距离地开展各项教学活动。例如在线发布课程信息、互动研讨交流、在线答疑解惑、总结常见问题、布置并批阅课后作业等。总之，本科法律社会学在线开放形式有利于实现课堂教学与在线学习的结合、线下教学和线上学习的融合以及教学活动由课堂向课外的延伸。

3. 改革课程考评方式

法律社会学课程教学方法模式的创新，必须改变先前那种期末考试"一锤定音"的办法，建立科学合理的考评机制，不断推进本科法律社会学课程考核方式的革新。一是考评方式的过程性，应改变先前过度依赖结果性考核的模式，加大考勤、课堂表现、课后作业、平时测试等过程性考核的权重。二是考评目标的全面性，教师应根据自主学习态度、资料收集情况、互动交流表现、最终成果展示、语言表达能力、团队协作精神等方面对学生过程性考核进行全方位评价。三是考评主体的多元性，实现由教师单一考评转变为教师考评和学生互评相结合的方式。在学生成绩考评外，还要建立本科法律社会学教学改革考评机制。可以针对学生、专家、教学督导、同行教师制作不同类型的教学效果问卷，在期中和期末分两次进行调查评估，根据反馈意见分析存在的问题与不足，动态调整法律社会学教学内容体系，改进法律社会学教学方法，严把教学改革的标准关和质量关。

基于课程思政理念

——法学本科宪法课教学的探索与创新

◎王小萍*　孙晓红**

摘　要：高校思想政治教育由主渠道的思政课程到专业课课程思政的延伸和发展，对高校专业课程的教学提出了新的要求。宪法课作为法学专业基础课，其内容的政治性特点决定了其有丰富的课程思政资源。为了让专业课宪法承担好课程思政的角色，要将思政功能嵌入宪法课程的教学中，挖掘、梳理宪法课程思政的教学资源，以宪法政治性特点为依托，以新中国宪法历史发展为主线展开课程思政教学。具体要从宪法指导思想的高度来定位课程思政，将课程思政贯穿于宪法教学内容过程的始终，并与我国宪法实践发展相结合，展开课程思政教学。在教学方法上，课堂上要运用思政教育话语展开交流，课后充分发挥学生的主动性和积极性，在课堂之外找寻更多的资源，采用事实说话的方法进行生动的思想政治教育。

关键词：宪法教学　课程思政　探索　创新

---

*　王小萍，女，山西财经大学法学院教授。
**　孙晓红，女，法学博士，山西财经大学法学院副教授，系本文通讯作者。

一、课程思政的拓展对专业课宪法教学的新要求

新时代中国特色社会主义事业发展的迫切需要，为高校思想政治教育的创新发展注入了活力，由主渠道思政课程到专业课课程思政的发展思路应运而生并提上日程，对专业课教学提出了新的要求。法学专业宪法课教学也面临着如何结合宪法课程的特点开展课程思政教学的问题。

（一）课程思政问题的提出及其要求

2016 年 12 月，习近平在全国高校思想政治工作会议上发表重要讲话，指出我国高等教育肩负着培养德智体美全面发展的社会主义事业建设者和接班人的重大任务，必须坚持正确政治方向。高校立身之本在于立德树人，坚持把立德树人作为中心环节，把思想政治工作贯穿教育教学全过程；提出"思想政治理论课要坚持在改进中加强，提升思想政治教育亲和力和针对性，满足学生成长发展需求和期待，其他各门课都要守好一段渠、种好责任田，使各类课程和思想政治理论课同向同行，形成协同效应"。[1]具体落实习近平"用好课堂教学这个主渠道"的精神，要改变过去课堂育人主要依靠思想政治教育理论课程的局面，各类专业课程不仅仅是讲授专业知识，同时还要担负起高校思想政治理论教育的任务，共同促进大学生的马克思主义理论教育和思想政治教育的开展，将专业知识、专业实践与科学理论相结合，引导和帮助大学生树立马克思主义世界观、人生观、价值观和社会主义核心价值观与中国特色社会主义的共同理想，培养大学生成为新时代中国特色社会主义事业的建设者和接班人。

从"思政课程"到"课程思政"的转变，彰显了以习近平同志为核心的党中央对做好高校思想政治教育工作的高度重视，也

---

〔1〕 习近平：《把思想政治工作贯穿教育教学全过程 开创我国高等教育事业发展新局面》，载《人民日报》2016 年 12 月 9 日。

预示着今后高校思想政治教育模式创新发展的基本趋向。[1]为适应我国所处国内外形势的新变化对传统的思想政治教育方法创新的要求，高校思想政治理论教育呈现出全面思政教育、立体思政教育、创新思政教育的发展局面，即从重视课堂主渠道思政课程到与专业课的课程思政相结合，由过去思政课程的主渠道作用发展为思政课程与课程思政相结合的共同作用。所谓"课程思政"可以理解为专业课堂要担负起思想政治教育的任务，形成思想政治教育的功能。课程思政要解决长期以来高校专业课程与思政课程在价值引领和育人导向上不同程度地存在着各自为政的现象，甚至出现价值冲突的问题。[2]要在思政课程要求的引领示范作用下，构建起高校其他所有课程的"课程思政"理论和体系的整体架构。课程思政的呈现形式为在多学科教师课堂专业教学中，与专业知识结合、与我国国情实际结合、与正在进行的社会主义的改革开放事业相结合的生动思想政治教育，使学生在专业课程学习和专业实践的鲜活事实中更多地受到思想政治理论教育，成为有理想、有本领、有担当的时代新人。

（二）宪法教学中"课程思政"功能的嵌入

所谓"嵌入"，汉语的意思是牢固地或深深地固定、紧紧地埋入或镶入。课程思政就是将思政功能嵌入到宪法专业课的教学中，可以理解为将思想政治教育的功能深深地固定在专业课宪法教学中，使宪法专业课同时也具有了思想政治教育课的属性。有学者认为与思想政治教育课程课堂主渠道的显性教育相比较，专业课教学中的课程思政可谓是隐性教育。所谓隐性教育是利用隐藏在专业课教学中的思政教育资源，采用比较含蓄隐蔽的方式，运用不同种类的专业课潜移默化地进行教育，使受教育者在有意无意间受到触动、震动、感动、提高思想道德素质的

〔1〕 胡洪彬：《课程思政：从理论基础到制度构建》，载《重庆高教研究》2019年第1期。

〔2〕 赵鸣岐：《高校专业类课程推进"课程思政"建设的基本原则、任务与标准》，载《思想政治课研究》2018年第5期。

教育方式。[1]但笔者认为在宪法课程思政教学中要将隐性的思政教育明示化，将以宪法专业课为载体的思政教育，与宪法专业课本身的教学内容密切结合在一起，这一点是由宪法学在法学课程体系中所处的地位和宪法课程内容有明显的政治性特点和蕴含丰富的思想政治教育资源决定的。

宪法课作为法学专业的基础课，在法学教育课程体系中有举足轻重的基础地位。从课程思政角度看宪法课教学创新的核心，是将思政要素嵌入宪法学的教学内容之中，体现其思想政治教育的强大功能。宪法从其内容看有很强的政治性，即我国《宪法》具体规定了马克思列宁主义及其在中国革命和建设以及改革开放过程中中国化发展的一系列理论作为我国宪法的指导思想，明确规定了我国的社会主义性质，规定了我国的政党制度是中国共产党领导的多党合作制度，规定了国家的基本政治制度、经济制度、文化制度、法律制度、社会制度以及居民自治制度等。这些制度中贯穿的人民主权、人权保障、国家权力制约与监督、法治国家等理论本身就属于思想政治教育的内容，是社会主义法治教育的重要组成部分。而在传统的宪法教学理念中，宪法教学主要侧重从宪法原则和规则的角度对宪法内容的阐释，通过"课程思政"理念的引领，在宪法教学中，除从法律角度阐释宪法内容，充分体现法学专业教学特点的同时，还要注重讲授内容的思想政治教育功能，充分发挥思想政治教育的强大作用。目的是在学生的思想认识深处，筑起社会主义法治思想理念的大坝，明确认识中国共产党在国家生活中的全面领导地位，"中国共产党领导是中国特色社会主义最本质的特征"；[2]明确认识国家政治、经济等基本制度的民主性，在于保障人权和公民的基本权利；确立"社会主义核心价值观"。[3]

---

〔1〕 官维明：《"课程思政"的内在意涵与建设路径探析》，载《思想政治课研究》2018 年第 6 期。
〔2〕 参见 2018 年《宪法修正案》第 36 条。
〔3〕 参见 2018 年《宪法修正案》第 39 条。

宪法课教学中的思想政治教育是高屋建瓴式的，是从思想政治理论高度、社会主义核心价值观高度的"铸魂工程"；又深入结合中国社会历史发展和现实的改革开放实际，是提高大学生宪法意识、规范大学生行为养成良好行为习惯、深入社会实践、构建社会和谐关系的"践行工程"。从宪法内容角度将理论与实践两方面的结合展开的思想政治教育，是宪法课"课程思政"呈现的基本特征。

二、宪法课程思政教学资源挖掘的两个维度

宪法课程内容的特点决定了其有丰富的课程思政的教学资源。具体可以从宪法内容具有明显的政治性和中国宪法历史发展的进程两个维度去挖掘课程思政资源，对这些资源进行系统的梳理、加工，服务于宪法课课程思政的教学。

（一）以宪法内容的政治性特点为依托

宪法具有鲜明的政治性，这是宪法课课程思政的内在理论资源。在教学过程中要抓住这一特点，紧紧围绕宪法课程内容本身的政治性展开课程思政教学。可以从三个层面来理解和把握这一问题。

第一，从宪法学研究对象的政治性或者说宪法内容本身的政治性方面来认识。宪法规定了国家的根本制度和根本任务以及国家生活中的重要原则、公民的基本权利和义务等内容。因此，可以说宪法是用来规范国家政治权力运行的规则、规范权力主体地位与职权、国家与公民之间相互关系的。宪法作为上升为国家意志的统治阶级意志，与其他法律相比较更集中、更全面地体现了统治阶级的意志。

第二，从具体确定表达宪法内容的宪法规范本身是一种政治选择来认识。这种选择是基于一定的政治利益比较，最大限度地体现了统治阶级的意志和利益，并将这种意志和利益体现在国家的基本政策和政治理念中。归根结底，宪法是各种政治力量合法存在的基础和保障，同时也是各种政治力量活动的自我限制。从

具体政治选择的角度，揭示我国的国家性质、国家基本制度的实质和社会主义的本质特征，这可以解释我国为什么是工人阶级领导的、以工农联盟为基础的人民民主专政国家，各种政治力量在国家政治生活中所处的地位，统一战线存在的意义等问题；我国经济制度为什么实行以社会主义公有制、按劳分配为主，为什么实行社会主义市场经济管理制度，我国经济制度中所蕴含的政治属性等；可以解释为什么我国实行社会主义制度、中国共产党领导是中国特色社会主义最本质的特征等一系列重大问题。

第三，从宪法通过规范的形式适应政治发展的需要、满足政治性的要求，同时又规范政治权力的运行方面来认识。宪法课教学过程中要注重从宪法规范角度揭示其政治意义，使学生能够从法律的角度来理解国家的政治选择，这也是思政教育中社会主义法治教育的应有之义和重要内容。

（二）以新中国宪法的历史发展为主线

新中国宪法的历史发展是宪法课程教学的重要内容，是宪法课程思政的历史与现实资源，以此为主线揭示中国社会主义的发展规律，总结历史经验和教训，是正确认识我国改革开放、新时代中国特色社会主义的一条基本线索。从课程思政的角度来思考这一问题，可以从以下两个方面展开。

第一，从新中国宪法发展的曲折特点认识中国社会主义的发展历程。新中国成立之初，由于召开全国人民代表大会的条件不成熟，故 1949 年 9 月召开的中国人民政治协商会议制定的《共同纲领》起了临时的、过渡性宪法的作用。1954 年《宪法》是新中国制定的第一部宪法，是属于新民主主义性质的宪法。1956年底社会主义改造基本完成，中国进入了社会主义阶段。但随后宪法和法治遭到了空前的破坏，其后 1978 年《宪法》颁行以及其后连续两年的两次修改，仍然无法适应中国改革开放的发展需要。1978 年十一届三中全会的召开标志着我国进入了改革开放的新的历史时期，为适应新形势的发展，1982 年 12 月 4 日五届全国人大五次会议对宪法进行修改重新颁布，1982 年《宪法》是我国进入新的历史发展时期的又一里程碑式的标志，到 2018 年"八二宪法"历经五次修改。新中国宪法的发展史是我们认识新中国发展历史，回答今天新时期中国特色社会主义道路是历史发展的必然选择的生动的思政教材。

第二，以"八二宪法"修改为基本线索展开课程思政的强大功能。"八二宪法"的发展史既是宪法课程讲授的一个具体内容，又是贯穿宪法课程内容始终的核心部分。讲授"八二宪法"及其发展使我们有机会和学生一同从历史纵深的角度观察我国改革开放过程中国家制度和中国社会的发展变迁，在接受"文革"十年的惨痛教训的基础上，总结改革开放的成功经验，更好地认识今天中国社会的现实，坚持马克思列宁主义及其在中国实践的中国化理论，坚持中国共产党的领导，坚定地走中国特色的社会主义道路，坚持深入改革开放。特别是"八二宪法"的修改，有助于我们认识改革开放四十年来中国共产党领导下中国社会发展的艰难跋涉历程和取得的成就；有助于我们认识坚持党的领导不仅为中国革命的历史所证明，也为中国社会主义建设以及改革开放的历史所证明。中共中央先后五次建议修改"八二宪法"，建议对宪法条文进行修改的内容主要包括：宪法指导思想的不断完善；我国政治制度，包括人民代表大会制度、政党制度、选举制度、政治协商制度、国家机构制度的不断发展，以及经济制度、文化制度和社会制度；建设法治国家、人权入宪、五位一体的社会发展的理念等。用宪法修改理论阐释中国改革开放四十年发展道路的艰难选择和突破，促进了国家民主法治、社会和谐稳定、人民自由幸福。这是宪法课课程思政最生动的教材，在宪法学课程思政教学活动中，对如何运用这些生动教材我们做了诸多探索。

三、宪法课程思政教学探索的系统展开

我们在宪法课程思政教学的探索过程中，尝试构建起了一个相对独立的教学思维体系，从高度、宽度和深度三个方面，即课程思政的定位高度、具体内容选择的宽度和与实践结合的深度，

展开宪法课程思政的教学活动。

（一）从宪法指导思想的高度定位课程思政

宪法作为一国的根本法，指导思想是其核心和灵魂，贯穿于宪法文本和宪法实施，具有根本性、全局性和宏观性特点，始终是宪法的理论基础，是宪法实践和宪法解释的基本依据，也是普通法律制定、修改和实施的思想基础和理论依据。[1]因此，从宪法指导思想的高度展开对宪法课程的讲授，注重学生掌握马克思主义宪法学原理和马克思主义的立场和方法。对宪法指导思想包括理论的讲授贯穿于宪法教学过程的始终，既是作为法学专业课的基本要求，也是作为课程思政功能定位的基本要求。[2]

社会主义国家宪法普遍重视宪法指导思想问题，一般在宪法文本中就有具体的阐明。我国 2018 年通过的《宪法修正案》第32 条对我国宪法的指导思想表述为：马克思列宁主义、毛泽东思想、邓小平理论、"三个代表"重要思想、科学发展观、习近平新时代中国特色社会主义思想。从我国 1982 年《宪法》指导思想表述为马克思列宁主义、毛泽东思想，到 2018 年《宪法修正案》对宪法指导思想的表述，宪法指导思想不断发展，是对我国改革开放的不同历史时期马克思列宁主义思想中国化发展的总结和宪法确认。从课程思政的角度需要做以下阐述：一是阐释这些政治理论产生的历史条件和背景及其具体内容；阐释从马克思列宁主义到在中国实践中的中国化发展，是与中国革命和社会主义建设、改革开放实践相结合的产物；阐述这些理论的内涵及其对我国宪法规定的基本制度发展的作用，如马克思主义理论的三个组成部分及其相互关系，对我国社会主义国家性质的规定及基本制度构建的理论意义。二是马克思主义理论与我国特定历史阶段

---

〔1〕 《宪法学》编写组：《宪法学》（马克思主义理论研究和建设工程重点教材），高等教育出版社、人民出版社 2011 年版。

〔2〕 马克思主义理论研究和建设工程重点教材《宪法学》，将宪法的指导思想和基本原则单独列章，凸显了宪法指导思想内容的重要性。选用马克思主义理论研究和建设工程重点教材，有助于课程思政教学的展开。

的改革开放相结合，从宪法层面呈现出对中国社会发展的促进：一方面，表现为国家基本制度的逐步完善，人权、公民基本权利的发展；另一方面，改革开放的实践又促进了这些理论的逐步发展以及不同阶段理论特定内涵的形成。对宪法指导思想理论的讲授，从课程思政角度的回应是必不可少的，也使宪法课的讲授与思想政治教育课同向同行，形成协同效应。

（二）从宪法规定的具体内容选择切入课程思政

马克思主义宪法学的基本原理、党的主张和人民意志，集中体现在我国《宪法》文本中。我国《宪法》文本是宪法课教学的依托基础，阐释宪法文本的含义，也即阐释宪法条文呈现的宪法原则、宪法规范的含义、目的和价值，通过这些原则、规范所呈现出来的我国的基本制度和公民的权利义务等是宪法教学中的基本内容。从宪法规定的具体内容展开课程思政教学，是从法学专业课角度的一个切入，使思想政治教育在与专业课结合过程中更加生动和具体。践行习近平总书记要求的任何一门课程都要"守好一段渠、种好责任田"的要求，寓思想政治理论教育于专业课的教学之中，与思想政治课程结合，"提升思想政治教育亲和力和针对性，满足学生成长发展需求和期待"。

自英国学者斯宾塞于 19 世纪中叶提出"什么是最有价值的知识"这一经典命题后，"知识选择"问题便成为教学研究和课程建设的基本问题。[1]也是宪法课程思政教学的内容选择同样面临的问题。从宪法专业课程作为宪法课程思政的载体这个角度看，课程思政涉及的知识选择应依托宪法学教学内容来确定。宪法主要是用来调整国家与公民关系的，其基本内容包含有关国家制度和公民基本权利两个方面。因此，课程思政内容的具体展开也体现在两个方面：一是通过对国家基本制度的讲授，使学生对我国宪法所规定的制度，包括政治制度、经济制度、文化制度、社会制度以及法律制度有较为深入的了解。这些制度本身其中所

---

〔1〕 高宁、张梦：《对"课程思政"建设若干理论问题的"课程论"分析》，载《中国大学教学》2018 年第 10 期。

蕴含的基本原理是思想政治教育的重要内容。以作为我国根本政治制度的人民代表大会制度为例分析，人民代表大会制度的理论基础人民主权理论即一切国家权力属于人民，人民依据选举制度的规定选举人大代表组成人民代表大会，人民代表大会是最高国家或地方权力机关；人民代表大会又产生了其他国家机关包括政府、监察委员会、法院、检察院等机关，这些机关接受人大监督，对人大负责并报告工作，人大对人民负责并报告工作。一切国家机关的组织和活动遵循民主集中制原则。通过对宪法规定的具体制度的理论阐释，使学生对一切权力属于人民，即人民是国家权力的主人，对权力的监督与制约有更为直观的理解。二是通过对宪法规定的人权和公民基本权利的讲授，使学生能够了解人权的内涵与公民的基本权利。认识到人权是指在一定社会历史条件下，每个人按照其本质和尊严而自由平等的生存和发展的基本权利。人权的实质内容和目标是人有尊严地生存和发展，它以人的自由、平等为基础：一方面没有自由、平等作保证就谈不上人的有尊严的、本性的生存和发展；另一方面自由、平等是为人的生存和全面发展服务的。了解我国宪法规定的人权与西方国家所谓人权的根本区别，我们的人权是在特定历史条件下的具体人权而非一般意义上的抽象的人权。理论上的阐释是非常重要的，还可以和当前我国实行的一系列政策与制度相结合来分析。从尊重和保障人权角度，可以理解当前我们国家的一系列政策与制度，比如说扶贫政策、最低社会保障制度等。我国宪法对公民基本权利的规定，是从政治、经济、文化、社会等方面全景式地展示，构建起了宪法权利一般主体、特殊主体、特定主体与国家的关系，体现了宪法的根本目的在于保障基本人权与公民权利。

（三）从对宪法实施的分析深度加强课程思政

制定宪法的根本目的在于根据宪法的理念和精神，将体现宪法基本原则、基本制度的宪法规范付诸实践，即宪法的实施，从而实现保障人民主权和人权的目的。宪法实施是法律实施的一种具体形式，是指宪法规范在现实生活中的贯彻落实，即将宪法文字上的抽象的权利义务，转化为现实中生动的具体的权利义务关系，并进而将宪法规范所体现的人民意志转化为具体社会关系中的人的行为。[1]宪法实施反映着宪法制定颁布后的实际运行状态。

对宪法实施的探究和分析，是宪法课程教学的重要内容，也是宪法课程思政的重要途径。为此从以下几方面展开分析：一是分析宪法主体国家的宪法行为。宪法实施主体非常广泛，要通过对国家机关作出宪法行为的方式实施宪法的行为的分析，认识宪法实施主体的国家机关具有保障宪法实施的主要义务，对其中的立法主体、方式、程序规则等作较为深入的分析，认识其中存在的问题。关于对选举行为的分析，例如通过对辽宁省贿选事件的分析，指出其存在的危害，探讨解决这些问题的思路和办法。对此问题的具体分析不仅要停留在法学理论的层面，还要从思想政治教育的层面来展开，从中吸取深刻的教训，实践中要时刻注意可能出现的问题并及时予以解决，加强权力监督，依法惩治腐败。二是分析法治、人权保障的宪法实践。依法治国，建设社会主义法治国家，规范和制约国家权力是保障人权的前提条件。所谓法治是指一种治国的方略、社会调控方式，强调法律至上，法律具有最高的地位；法治还指通过这种治国的方式、原则和制度的实现而形成的一种社会状态。在宪法实践中，要注重立法程序的规范性和民主性，构建相应的民主参与制度保障民主参与的实现；强化行政机关依法行政和司法机关依法适用法律，促进法律实施的实效性的提高等问题，最大限度地保障人权和公民的基本权利。改革开放以来特别是十八大以来，人权保障提到了前所未有的高度，一系列社会保障制度的构建和完善，在保障公民经济和社会权利方面得了突破性进展；在人权保障理念下，刑事诉讼制度不断完善，排除各种因素对刑事审判的干预，到现在为止，已有三十多起之前盖棺定论的刑事案件再审宣告被告无罪。法治理

---

〔1〕　周叶中：《宪法》，高等教育出版社2011年版，第338页。

念下人权保障的不断进步，是社会主义法治建设的重大成就。三是分析社会生活中的具体宪法事例。中国人民大学宪政与行政法治研究中心自 2006 年起每年举办的"中国十大宪法事例"评选活动，吸引了社会各界的广泛参与。对这些评选出来的真实记录了影响中国宪法进程的活生生宪法事例进行了解和分析，在对具体事例进行分析中掌握宪法理论提高分析问题能力的同时，增强学生的宪法理念，经受宪法精神的洗礼，弘扬宪法精神。此外，对在身边的或媒体报道的社会生活中发生事例进行分析，从宪法角度增强学生的认知能力和辨别能力，提高学生的法律素质和思政水平。

四、宪法课程思政教学方法的创新实践

（一）课堂讲授话语：两套话语的运用、转换及其与中国当代话语的融合

每一门课程所呈现的学科知识都有其独特的话语表达体系。承载课程思政功能的专业课教学同样有其话语表达的独特性，当它与课程思政二者"同行"时，需要体现专业课程本身的语言功能定位的特殊性。但将思想政治教育寓于专业课教学之中，在专业课的教学中显现思想政治教育的功能，同时需要将课程思政的内在要求用思政的话语体系予以表达，以期更好地达到课程思政的目的。由于课程思政功能寓于专业课教学之中这一特点，使得课程思政如何既能尊重专业课程的学理框架、文化框架，又能贴切自然地连接思政价值与专业语境，成为衡量课程思政实效的重要指标。[1]

就宪法学而言，其作为法学课程体系中的一个重要组成部分，专业课教学活动当然需要使用法学的专业语言，如法律的概念、原则、规则，以权利义务为核心的法律制度等专业的话语体系阐释宪法课程的内容，培养学生的法律思维和法律认知能力，

---

〔1〕 周海晏：《课程思政教育中的中国话语建构》，载《思想政治课研究》2018年第 6 期。

是学生成为专业法律人才的需要。通过法学话语体系，对宪法学的深刻阐释，有助于学生法律知识体系的构建和法律思维的养成，这本身也是体现宪法课程思政功能的重要方面。作为课程思政重要载体的宪法课程，对宪法教学内容中所包含的马克思主义的基本原理、新时代中国特色社会主义理论、社会主义的核心价值观等，还要用马克思主义理论的话语、社会主义伦理学的话语概括地表达，明确清晰地传达出思政教育的目的，应是思政话语与法律专业话语的转换与结合。总之，对宪法课程讲授的话语体系，既要尊重专业课和思政课的话语区别，又要超越学科话语区别的界限而达到一致。在这个过程的基础上，还要与中国当代的话语相结合，例如引导学生从宪法专业学习的角度、从宪法课程思政的角度、结合当前不断深化的改革开放实践，树立对中国特色社会主义的道路自信、理论自信、制度自信、文化自信，确立社会主义核心价值观，将中国梦的实现与个人的发展相结合。从青年学生的特点出发，将这些当代的理念和话语作为课程思政的话语选择，将着眼点放在培养适应新时代中国特色社会主义事业发展的德才兼备的专业法律人才上。

（二）课后延伸阅读：尊重学生的主动性、独特需求与相互交流

专业课教学计划中指定学生课后阅读一定数量的参考文献是教学活动的一个重要组成部分。将课程思政贯穿于宪法课教学的始终，除课程思政的课堂教学之外，将课程思政也延伸到课后阅读，成为课堂教学延续的重要组成部分。在学生课后阅读和交流的环节，任课教师要做一个正向的积极引导。

具体包括三方面的内容：一是在学生课前课后的阅读资料选择方面，增加马克思主义经典文本、体现马克思主义中国化的相关文本，包括党的重要文件、习近平同志的指示和讲话等。阅读资料设定为必读文本和选读文本两部分。数量较多的选读文本使学生能有更多的阅读选择，满足自己的独特需求；部分选读文本也可以由学生自己选择，大大增强了学生学习的自主性。阅读过

程中需要摘抄或写心得笔记，培养学生自我学习、自我发展的能力。二是引导学生以马克思主义观点对西方的宪政及其发展进行解读，以历史发展的视角认识中国宪法产生和发展的历程，是和中国共产党领导中国人民进行革命、建设和改革密切联系的，是我们当前社会主义制度构建与文化构建的基础，这是宪法专业课教学和课程思政所应有的共同关注。通过比较分析，使学生对自己未来可能发展的法律职业生涯，植根于中国特色社会主义的发展进程中，确立社会主义核心价值观的价值取向，对面临的社会责任、社会道德和职业伦理问题有一个清晰的认识。三是开展课外阅读的相互交流。搭建课程思政网络平台，沟通老师与学生、学生与学生之间交流的渠道。交流的内容可以包括两个方面：①对阅读文献认识方面的交流；②以及在此基础上，让学生们结合社会实践中存在的现象和问题进行交流，把对宪法的认识从书本走向现实，引导学生理论联系实际，注重提高学生运用马克思主义历史分析方法、辩证分析方法研判复杂问题的能力。还可以通过邮件、小型的读书会进行交流，促进宪法课程思政功能的发挥。

（三）课外社会实践：调查、走访参与基层社区具体服务工作

笔者在这些方面进行了一些尝试，主要是指导一年级学生寒假社会实践，其中的主题之一就是调查、走访、参与基层社区具体服务工作。同学们以大学生假期社会实践的身份，走进城镇、乡村的基层社区并参与社区服务工作。设定的具体参与方向主要有：了解村民委员会、居民委员会的自治情况，进行调查研究；了解农村、城镇困境儿童的状况并提供学习指导等志愿服务；到政府设立的养老院、社区养老机构或社会养老机构，了解老年人的养老状况，为其提供生活照顾、精神抚慰、法律服务等多方面的帮助。此外，也可以选择其他的社会调查和实践内容。

社会实践结束后，每位同学都要提供一份社会调查报告或者是社会实践报告。报告的写作或者分析，需选择一个宪法内容的角度，如城镇和农村基层自治，老人、儿童权益保障等；之后组织同学们以多种形式对社会调查和社会实践的情况进行介绍并展开交流。通过交流让学生们更多地了解社会，对宪法在基层社会生活中的实施状况有了更多的感性认识和理性认知，从而增强学生对宪法相关内容的再认识与再思考，也达到了课程思政的教学目的。

结　语

课程思政是新时代大学生思想政治教育改革发展的新走向。对法学专业宪法课程思政的探索与创新，首先要遵循宪法学课程的教学规律；其次开展宪法课程思政，要依托专业课教学展开。我们要顺应这个历史性的改革发展方向，通过课程思政的途径培养更多德才兼备的优秀法律专业人才，使他们成为服务于新时代中国特色社会主义事业的建设者和接班人。

论双导师讨论式工作坊教学法
在知识产权法教学中的应用*

◎陶　乾**　樊美辰***

摘　　要： 在社会对知识产权人才需求紧迫的现状下，知识产权法的教学效果直接关系到未来知识产权人才的质量。为了突破传统知识产权法教学的困境，本文提出了一种崭新的教学方法——双导师讨论式工作坊教学法，通过科学结合双导师制度和工作坊教学模式，让校内导师主导讨论过程并邀请校外实务专家总结评述，发挥了双导师制度的优势，达到理论知识与实践案例融会贯通的学习效果。双导师讨论式工作坊教学法符合教育改革的主流方向，意义重大，可以在高校中逐步完善并推广。

关键词： 双导师　讨论式工作坊　知识产权法教学

---

　*　本文为中国政法大学"双一流"建设项目"法律硕士研究生多元化培养机制——双导师机制的完善"的阶段性研究成果。
　**　陶乾，中国政法大学法律硕士学院副教授。
　***　樊美辰，中国政法大学法律硕士学院研究生。

引　言

随着经济的全球化发展和科学技术的进步，当今世界已经进入知识产权时代。加强知识产权的保护是顺应世界知识产权发展趋势和提高国际经济竞争力的重要措施，而我国也正在不断加强知识产权的保护：完善知识产权相关制度，加快知识产权人才队伍的建设以满足社会需求，大规模培养各级各类知识产权专业人才。而知识产权人才的培养和知识产权法教学质量直接相关，因此知识产权法的教学地位越来越受到重视。然而当下的知识产权法教学面临着师资力量匮乏、理论和实践脱节、教学内容相对滞后的困境。即使一些高校推行双导师制度来适应社会对知识产权应用型人才的需求，但最终校外导师往往流于形式。因此本文创新地提出了双导师讨论式工作坊学习法，即通过将双导师制度和工作坊教学法的科学结合和相互作用，以期发挥双赢的教学效果。

一、双导师讨论式工作坊教学法的内涵

（一）讨论式工作坊教学法的内涵

工作坊（workshop）起源于 1919 年德国创立的包豪斯学院，包豪斯学院的创办人格拉皮乌斯提出新的指导理念"艺术与技术的新统一"[1]，聘任社会上的艺术家与手工匠担任教师。学生的角色是"学徒工"，传统讲授理论知识的教师是"形式导师"，担任技术指导的教师是"工作室师父"。"由于实践环节需要特定的场地，因此学生日常实践空间——工作坊逐渐成为实践环节的核心，以此形成的实践模式亦被称为'工作坊教学'。"[2]工作坊原意指多人共同参与的活动，讨论式工作坊教学法，就是对某一问

---

〔1〕　［日］利光功：《包豪斯——现代工业设计运动的摇篮》，刘树信译，中国轻工业出版社 1988 年版，第 67 页。

〔2〕　刘禹、王来福：《基于工作坊的高等教育实践教学体系的研究》，载《东北财经大学学报》2009 年第 1 期。

题进行探究式的学习活动。相比较于传统的教学方法，工作坊教学法的教学模式更加开放，有更强的互动性、实践性和创造性。学生在活动的过程中通过自主而又充分的思考、对话、讨论等过程，经过分组讨论、分析问题、提出规划等环节最终提出解决问题的方案。这种既注重活动的过程又注重结果的学习方式，就是讨论式工作坊教学法。

（二）法学教育双导师制的建立

2009 年《教育部关于做好全日制硕士专业学位研究生培养工作的若干意见》中指出，要"建立健全校内外双导师制""吸收不同学科领域的专家、学者和实践领域有丰富经验的专业人员，共同承担专业学位研究生的培养工作"。2012 年《教育部关于全面提高高等教育质量的若干意见》中指出，"专业学位研究生实行双导师制"。2017 年 5 月 3 日习近平考察中国政法大学时强调，"法学学科是实践性很强的学科，法学教育要处理好知识教学和实践教学的关系。要打破高校和社会之间的体制壁垒，将实际工作部门的优质实践教学资源引进高校，加强法学教育、法学研究工作者和法治实际工作者之间的交流"。为了满足法律实务多重需求以及培养法律应用型人才的需要，法学领域的双导师制度应运而生。双导师，即为学生既配备校内的学术型指导教师，又配备校外公、法、检、律等领域的实务专家。校内的导师侧重于讲授理论，校外的实务专家负责指导实践活动，二者共同指导学生完成学业，达到理论与实践相结合的目的。双导师制度的设计可以让学生"在掌握理论知识的同时，更好地在专业实践中得到实际锻炼，提高实践和创新能力，进而更好地适应未来职业岗位的要求"[1]。

（三）双导师讨论式工作坊教学法的提出

双导师讨论式工作坊教学法是在传统的讨论式教学法的基础上进行创新和突破，将双导师制度和工作坊教学方式恰到好处地

---

[1] 张有东、陆中会、王颖丽：《专业学位研究生培养的双导师机制研究——以淮阴工学院"特需项目"的实践为例》，载《学位与研究生教育》2014 年第 3 期。

结合到一起。具体在法学教学课堂中，就是针对某一具体的法律问题，教师引导学生分组进行讨论，表达想法，得出解决问题的方法，最后由教师对学生的讨论过程及解决方案予以点评。双导师共同配合的授课方式既注重理论知识，又兼顾实践经验，讨论式工作坊是实践性较强的教学模式，能极大程度地帮助双导师制度发挥优势；而双导师制度为工作坊教学提供了条件，"学术型指导教师"对应工作坊中的"形式导师"，"实务专家"对应"工作室师父"。所以双导师制和讨论式工作坊二者能实现良好衔接和良性互动，将双导师讨论式工作坊教学法的内部科学结合互相作用，更好地达到将理论知识应用于实践活动的学习效果。

二、双导师讨论式工作坊教学法在知识产权法教学中的运用价值

（一）知识产权法教学现状及存在的问题

1986 年，根据世界知识产权组织总干事鲍格胥的建议，原国家教委决定在我国着手开展知识产权法正规高等教育。目前，根据教育部的要求，知识产权法是法学本科的主干课之一。数十家高校开设了知识产权本科专业，亦有很多高校开设了知识产权法专业的学术性研究生。在全国法律专业学位研究生教育指导委员会发布的《法律硕士专业学位研究生指导性培养方案》中，知识产权法是推荐选修课之一。随着国际上对知识产权的重视程度越来越强，我国对知识产权法教育也愈发重视。在针对高校学生，尤其是法学专业学生的培养方案中，知识产权法教学在高等教育中的地位日益凸显出来。虽然知识产权法在法学专业课程中占据着重要位置，但由于和其他法学专业课相比，其设置时间较短，专业性较强，知识产权法教学现状中存在一些问题亟待解决。

1. 对知识产权法课程需求的迅速增长和师资力量的匮乏的矛盾

相较于其他专业，知识产权法发展起步较晚，但是伴随着知识产权迅猛发展的潮流和加快知识产权人才队伍建设的要求，对

知识产权课程的需求也随之增加。与此相对，高校知识产权师资力量却相对匮乏，有些高校甚至采用让其他法学领域的教师兼任知识产权法教师的办法来缓解知识产权法教师"供不应求"的情况，而这将导致教师的教学压力较大，能完成理论知识的传授已属不易，实践性课程更是被忽视。无法保证知识产权法的课程质量，也就难以满足培养高素质知识产权人才的需求。

2. 知识产权法实践性强的特点和当下法学教学偏重法学理论的矛盾

为了完成课程目标中规定的教学任务，又受限制于师资力量、教学计划规定的课时，当下高校知识产权法教学方式还是普遍采用传统法学的教学方法，偏重抽象化和理论化。"由于传统教育理念的束缚和师资队伍建设的不足，知识产权教学方式基本采用'填鸭式'的理论灌输"[1]事实上，"知识产权法与其他法比较而言，显著特征在于它与商业实践、科研实践联系特别紧密"[2]，当下的知识产权法教学方法忽视了知识产权法的特色和要求，知识产权法是比其他法学学科实践性质更加明显的学科，偏重理论知识的教学倾向于培养一般的知识产权法研究型的人才，而不是现在社会所急需的知识产权专业性、复合型人才。目前，国内有高校推行知识产权法与民事诉讼法相结合的"双师同堂解析民事案例"教学模式，但这种模式虽然能够"克服传统案例教学存在的实体法和程序法不能有机结合的缺陷"[3]，但是，其"双师"仍旧是高校从事理论研究的教师，难以有效提高学生解决实际问题的实务能力。

3. 知识产权法律制度变迁较快和教学内容相对滞后的矛盾

知识产权法是和科技紧密联系的学科，科技的发展将不断冲

---

[1] 唐永忠：《面向知识产权诉讼专门化的人才培养模式研究》，载《高等教育研究》2014 年第 9 期。

[2] 刘洋、王勤秀：《我国高校知识产权教育的思考》，载《电子知识产权》2005年第 6 期。

[3] 张玉敏、刘有东：《双师同堂解析民事案例——案例教学模式的新尝试》，载《海南大学学报（人文社会科学版）》2010 年第 5 期。

击知识产权领域，带来新的知识产权问题，比如开发专门的广告屏蔽浏览器究竟是不正当竞争行为还是合法的市场公平竞争行为。但是，当下的知识产权法教材即使注重收纳前沿性问题，比起知识产权领域法律制度的更新速度还是表现出一定的滞后性。

总结而言，师资力量的短缺本身会导致教师教学压力的增加，加之教学偏重理论性和知识产权课本的局限性，知识产权教学中存在的这些问题最终都指向同一个方向——忽略了实践性教学。

（二）双导师讨论式工作坊教学法特征

双导师讨论式工作坊教学法兼具了双导师制度和工作坊教学的特点，双导师制度为工作坊教学法的实施创造了可行性条件，工作坊教学方式又赋予了双导师制更多的内涵，和传统课堂的教学方法相比，具有以下几点优势特征：

1. 既重视实践性教学又兼顾理论知识

和传统以理论教学为核心并辅以实践的教学模式相反，工作坊教学方式以实践为核心，理论知识服务于实践活动，按照实践操作的需求安排理论的学习。工作坊中的学术型导师不仅仅是理论知识的传授者，更是知识产权教学的主要负责人，对于学生的理论知识水平和实践能力会有一个整体的把握，引领学生协调和统一理论与实践；工作坊中的实务专家则主要负责实践教学，讲授实务经验，培养学生的职业素质。

2. 强调师生之间的互动和学生之间的合作

工作坊教学注重师生之间的互动，在工作坊学习活动中，老师的角色发生了转变，如果将工作坊视为"舞台"，学生是"演员"，那么教师也是演员中的一员参与到舞台的演出，作为演员的教师"在舞台上与学生灵活互动"[1]。而学生之间相互合作是工作坊的一个重要的环节，只有演员们默契配合才能呈现出一场精彩的演出，"合作成为教学过程或者教学过程就是合作的具体

---

〔1〕 黄越：《工作坊教学模式下的大学教师角色——以翻译课堂教学为例》，载《大学教育科学》2011 年第 6 期。

教学形式"。[1]

3. 关注学生学习过程和自主学习能力

传统的课堂教学注重教师的"讲授"和学生的"吸收"，检验学生所吸收知识的方式往往是通过期末测试，但是期末测试仅仅能反映学生的学习结果而无法反映学习过程或学习状态。而双导师讨论式工作坊中的教师不只是单纯的讲授知识，而是要引导学生思考，指引讨论方向；学生不再是知识的"吸收者"而是"自主学习者"；教学既关注学习结果也关注学习过程，通过小组间成员的讨论不断地深入到寻找解决问题的方案。

（三）双导师讨论式工作坊教学法的运用价值

双导师讨论式工作坊作为一种新型教学方式，其具备的优势特点对于解决当下知识产权法教学的困境、推动知识产权教育事业具有显著效果和重要意义，具体包括以下几个方面。

1. 符合我国知识产权人才队伍建设的需要

近十几年来，我国虽然注重知识产权人才队伍的培养，但是"无论是数量还是质量都无法满足现代社会的迫切需求。因此，大规模地培养知识产权复合型人才，制定并推行知识产权复合型人才培养计划已迫在眉睫"[2]，而知识产权复合型人才的培养不光需要具有较为扎实的基础知识，还要了解知识产权的前沿知识，把握知识产权法律制度变迁。双导师讨论式工作坊教学法通过理论型学者和实践型专家的配合授课，既能让学生掌握基本的知识产权法学理论，又不忽略学科的发展动向，在实践活动的过程中了解知识产权领域的新问题，对于培养知识产权复合型人才来讲是行之有效的教学模式。

2. 解决知识产权法教学面临的困境

知识产权法教学存在一系列问题，包括师资紧张、忽视知识

---

〔1〕 唐松林：《国外教师教学行为有效性研究综述》，载《大学教育科学》2007年第 4 期。

〔2〕 郑友德、孙鉴：《关于知识产权复合型人才培养计划的基本构想》，载《电子知识产权》2007 年第 1 期。

产权法和其他法学学科的区别、轻视学生业务实践能力的培养、教学内容相对"滞后"等。校内的学术型导师普遍从毕业之初就一直从事着教师工作，即使存在一些教师也兼任社会职务的情况，但是受兼职的限制无法给予学生更为专业的实践指导，"没有校外实务部门导师的参与，仅凭满腹经纶的研究型导师闭门造车，难以培养出合格的实务型法律人才，即使能培养，也可能不符合成本与效益之经济原则。"[1]双导师讨论式工作坊教学法能有效地解决这一系列问题。校外实务专家的引进能在一定程度上缓解校内指导教师的教学压力，弥补教学单位师资力量的不足；以实践为核心的工作坊教学模式有助于学生实际操作能力的培养，充分的互动和合作有利于培养学生团队精神、提高人际关系处理的能力、法律职业应用能力；双导师共同授课将理论知识和最新的实际案例接轨，使知识产权法的授课不再局限于教材，不再"滞后"。

3. 优化知识产权的资源配置

高校知识产权师资队伍短缺、教学重理论轻实践的根本原因在于没有合理开发高校的知识产权教育资源。引入双导师讨论式工作坊教学法是对当今知识产权资源的"再配置"，将社会的知识产权资源分流到高校中去，从而加强知识产权应用层面的教育。社会对知识产权人才的需求侧重不同，工作坊对于学生而言，能提前接触社会资源，更容易明确其职业目标，从而有针对性地学习；对于教师而言，学生在讨论问题和表达观点过程中能够展示其个性特点，更易于指导教师因材施教，依据学生的特征进行有侧重的培养。双导师讨论式工作坊教学法有利于缓解高校法学教育培养类型单一的现状，通过向社会输出专业型知识产权人才，形成知识产权资源的良性循环。

4. 双导师制度和工作坊模式良性互动形成双赢

提高知识产权人才培养的质量离不开高质量的师资队伍，

---

〔1〕　黄振中：《"双导师制"在法律硕士教学与培养中的完善与推广》，载《中国大学教学》2012年第2期，第28页。

"要有一支实践经验丰富、校内外密切配合、专兼职结合的师资队伍，双导师制正是适应这一要求的一种新的机制"。[1]事实上我国已经有很多培养单位推行双导师制度，吸收社会上的法律实务专家担任学生的校外导师，但是该制度尚未成熟，没有发挥出其应有的作用。比如有关校外导师定位问题，校内导师一般负责学生的理论知识和毕业论文的指导，而国家尚未出台有关双导师制度的规范性文件，这就导致校外导师处在一个比较"尴尬"的位置。虽然高校邀请了实务专家作为学生的校外导师，但往往只是学生名义上的导师，他们跟高校无职务上的隶属关系，加之高校内部普遍没有系统的奖惩机制，导致校外导师对自己无法准确定位，而学生疲于应付学业和毕业论文，缺少主动联系校外导师学习实践经验的积极性，校外导师又因为社会职务比较繁忙，最终导致师生缺乏交流和沟通、校外导师流于形式的局面，无法体现双导师制度本该发挥的作用。而双导师讨论式工作坊教学法能通过其内部的互动作用产生双赢的效果。一方面，工作坊教学为双导师制度提供了应用的土壤，首先，工作坊教学需要校内外导师和学生共同集中于学习活动的场地，这为校外实务专家和学生的沟通提供了平台，为后续师生之间互动和交流提供了可能性；其次，工作坊教学通过邀请校外实务专家作为课程的评委的形式，既调动了校外实务专家参与到对学生联合培养的积极性，也发挥了校外导师指导参与实践活动的作用。习近平考察中国政法大学时强调，法学专业教师要在做好理论研究和教学的同时，深入了解法律实际工作，促进理论和实践相结合。工作坊教学加强了校内导师和校外实务专家的联系沟通，能够更好地发挥双导师制度理论和实践接轨的效果。另一方面，在工作坊教学中，学生具有双重身份，既是学习理论知识的学生又是学习技能的学徒，相对应地，既要有教授理论知识的教师又要有社会上教授专业技能的教师，而双导师制的校内导师和校外实务专家就为其提供了

---

[1] 张有东、陆中会、王颖丽：《专业学位研究生培养的双导师机制研究——以淮阴工学院"特需项目"的实践为例》，载《学位与研究生教育》2014 年第 3 期。

可能。双导师制度是工作坊教学的前提条件，工作坊教学帮助发挥双导师制度的优势，二者相辅相成，实现了科学的良性互动，达成双赢的效果。

三、双导师讨论式工作坊教学法在知识产权法教学中的运用

法学教育具有二重属性——职业培训性和学术研究性。知识产权人才是一种复合型、专业型人才，既要有扎实的知识产权法理论功底，也要有相当的法律职业素养，这就更强调了在知识产权法教学中运用双导师讨论式工作坊教学时，要注重理论知识和实践能力的协调。

（一）培养宗旨

传统的教学方法是单向的，受限于师资力量，知识产权法课堂大部分采用讲座的形式，课堂中师生之间、学生之间很难进行有效的互动和充分的讨论。检验学生知识水平的方式一般是随堂测验、期末闭卷考试这种机械的对记忆力的检测，不利于复合型、专业型人才的培养。双导师讨论式工作坊教学法旨在培养学生独立自主学习、分析解决问题等应用层面上的能力，通过理论联系实际提出解决问题的方法，培养学生实际操作能力，最终培养出满足社会多重需求的专业的知识产权人才。

（二）前提条件

1. 准备案例和问题

工作坊学习以问题的提出为开端，工作坊教学要求教师选择合适的案例并准备需要讨论的问题。在选取案例时，可以发挥校外实务专家的资源优势。为了尽可能减少对学生思路的限制，应当选取一些争议性较大且尚未生成判决的案例，案例要具有典型性、疑难性。而根据案例准备的问题需要具备开放性并能展开充分的讨论，具有思辨性和挑战性。资料的搜集是每一位法律工作者必不可少的一项技能，因此在课程开展前，校内的指导教师需要将选定的案例和问题提前布置给学生以便其有充分的时间采集相关的资料，为后面的讨论做准备，培养学生搜集资料的能力。

2. 前置理论课程

工作坊是学生实践活动的场地，学习的过程主要以实践为核心，而实践要以理论为前提，任何实践活动的开展都离不开扎实的理论基础。学生进行实践操作的前提是具备相关的理论知识储备，在工作坊教学课程开展前，校内导师要充分地熟悉课程案例相关的理论知识点，先行讲授理论课程，确保学生在实践活动前已经打下牢固的理论根基。

3. 校内外导师协调沟通

双导师制度一直存在校内外导师缺乏有效交流的问题，这样也导致校外导师对自身的定位模糊。而工作坊模式下的教学为校内外导师搭建了一座沟通的桥梁。因为讨论式工作坊要求校内导师要和校外的实务专家共同指导学生学习，二者需要提前做好协调工作，校外实务专家确认选取的案例，利用工作上获取材料的资源优势将所有能公开的资料提前提供给校内导师，校内导师在准备工作的授课中确保全面讲授案例所涉及的全部理论问题，最后由校外实务专家进行点评，从而更好地达到理论知识和实践操作融会贯通的效果。

（三）运用步骤

在双导师讨论式工作坊教学中，校内导师主导学习活动的全程，包括主持活动，引导学生进行讨论，鼓励学生从不同角度发表见解等；学生合作分工，互相协调配合，得出解决问题的方案；校外导师进行最后的点评工作。如果把工作坊教学模式下的学习活动看成是一场演出，那么所有人都是参与者。校内教师不仅仅是舞台中心的"主持人"，还是演出的"编剧"和"导演"，控制着演出的进程，把握整场演出的节奏；学生从观众的角色转变为舞台中的"演员"，演出的时间被更多地交还给学生，使其能充分发挥主观能动性，激发其创造性思考问题的能力；校外导师不再是局外人，而是扮演着"评委"的角色点评"演员"的表现。所有人在工作坊中都能找到自己的定位，在彼此的互动之中发挥着作用。简单而言，双导师讨论式工作坊教学包括以下几个环节：

1. 提出问题，成员分组

在讨论正式开始之前，校内导师要发挥"编剧"和"导演"的作用，布置课堂任务，介绍案例，提出问题。教师首先需要做一个简单的指引工作，适当地从多个角度启发学生解决问题的思路。讨论前适当的指导既能拓展学生思维，也能防止学生在随后的讨论过程中过于偏离主题造成时间的浪费，帮助学生尽快进入"演出状态"。在双导师讨论式工作坊中应该严格限定小组人数，为了保证每个人都能进行充分而有效的讨论，小组成员人数不宜超过6人。

2. 小组讨论，校内导师引导

这是双导师讨论式工作坊中最重要的一个环节，也是和普通的课堂讨论相比最明显的一个差别，教师、学生的角色定位在这里发生重要的变化。传统的课堂讨论环节存在两点弊端：首先，容易形成课堂教学中的"马太效应"。表达能力较强、善于交流的学生占据着讨论的主导地位，而自信心较弱、不善于表达的学生很少表达自己的观点，或者在发言被打断后就退出讨论，这种课堂讨论的模式更易导致学生的两极分化，思辨能力好、自信心较强的同学得到了锻炼的机会，而沉默寡言的同学依旧无法培养语言表达能力，甚至可能导致其退出讨论而依赖其他成员得出学习成果。其次，传统课堂讨论越来越趋向于形式化。教师布置完讨论的题目之后就不再参与，一般只会在最后要求小组派出代表汇报讨论成果，不能保证小组每个成员都切实地参与到了讨论之中，在小组遇到疑难问题时容易导致讨论僵化，使讨论学习的效果大打折扣。

而双导师讨论式工作坊中的讨论环节既将课堂时间更多地交还给学生、让学生自主地讨论学习，也强调教师在讨论中的作用。校内导师要全程参与到学生的讨论当中，根据需要随时和学生互动，引导学生讨论的方向。这时教师的角色转变为"主持人"，学生转变为"访谈嘉宾"，对于不善言辞的学生，教师应当敏锐地捕捉其提出的观点，询问小组其他成员对该观点的见解，并针对该学生就该观点进一步提问，引导其思考该观点有无深入讨论研究的必要性和可能性，以此鼓励其对自己观点进行补充；若讨论陷入了僵局没有进展，教师可以针对学生讨论过程中的盲点进行适当的提醒，启发学生从其他角度切入题目，推动讨论进程。在整个讨论的过程中，校内导师要主导着小组讨论的方向、进度和节奏，调动小组成员的积极性，保证讨论有序而热烈地进行。

3. 校外实务专家总结评述

讨论结束后，由校外的实务专家进行总结评述。值得注意的是，传统的教师多是根据学生小组讨论的结果直接进行点评，忽视讨论的过程。而在工作坊模式下，学生通过讨论得出解决问题的方案的过程是利用已有知识生成新知识的过程，是对学生法律思维能力训练的过程，所以不仅仅是学习的结果，学习的过程同样值得被关注。教师在总结评述的环节要结合学生在讨论环节中的语言表达能力、分析问题能力、随机应变能力、协调能力、团队合作精神、基础知识掌握程度、法律逻辑的严谨性等综合评价。对小组讨论的成果方案，教师不能仅仅做出正确错误或是合理不合理的判断，如果学生运用理论知识正确，解决问题方法科学，能够自圆其说，就应当予以认可。另外，校外导师应当根据其在实务中的经验对该法律问题发表看法，有条件的情况下可以提供更多案件资料来开阔学生的思路，比如法院工作人员可以提供原被告的辩护意见供学生比较学习，让学生直接接触实务案件的处理方法，有助于培养学生在面对实际的案例时像法律工作者一样去思考的能力，激发学生在课程外继续研究的兴趣，调动学生主动和校外导师沟通的积极性，发挥校外导师的作用。

4. 总结教学成果

实践是检验真理的唯一标准。传统教学只是对学生进行知识的灌输，学生被动地、全盘地接收教师的观点，教师似乎可以通过考试来检验学生的知识水平，但是在传统教学模式基础上的考试只是对学生记忆力的检验。而工作坊模式下的检验是对学生应用能力、推理能力和分析能力的检验。课程结束后，校内导师应当根据学生的讨论过程总结教学成果，关注学生应用知识的弱区和盲区，以便在日后进行更具有针对性的教学活动。

四、结论

知识产权领域的竞争在全球经济体的竞争中占据越来越重要的地位，而提高知识产权竞争力的前提之一就在于知识产权人才的培养，我国现在高校教育需要培养高素质的知识产权应用型人才。双导师讨论式工作坊教学法通过校内导师和校外导师的配合授课和工作坊讨论中"艺术与技术的新统一"，既发挥了双导师制度的优势，又突破了传统知识产权法教学的困境；通过邀请校外实务专家负责教学实践案例的选取以及工作坊中的点评工作，既调动校外实务专家联合校内导师培养学生的积极性，又避免了理论和实践脱节的问题；校内导师通过引导推动工作坊中的讨论，既改善了传统课堂讨论容易出现的"马太效应"，又提升了讨论效率。在我国教育改革的浪潮中，双导师讨论式工作坊教学法符合教育改革的主流方向，解决了知识产权法教学中存在的问题，发挥了传统教学方法无法替代的作用，具有重要的应用价值，对于推进我国知识产权法教学的改革具有重要的意义。

"一流学科"背景下商法教学改革研究

——以体验式教学为切入点 *

◎马齐林**　简怡倩***

摘　要：我国商科类院校法学院欲建立法学一流学科，必须立足于院校自身独特的办学理念和特色，以培养融合商事思维与法律思维的复合型商事法律人才为出发点。但法律思维的秩序性、规范性与刚性和商事思维的创新性、逐利性与权衡性具有较大差异，传统教学方式难以促进二者融合。基于以学生为中心，以职业价值为导向，以教学实效为反馈的体验式教学理念，商科院校法学院可通过抛锚式课堂教学互动、模拟公司创设环境、校企联动增加实践与经验等手段，打破商法教学困境，实现商事思维与法律思维融合。

关键词：商法改革　体验式教学　法律思维　复合型法律人才

---

　　* 基金项目：浙江工商大学 2018 年校级教学改革研究项目"一流学科背景下商科院校之商法教学改革研究"（项目编号：PX－1818402）；浙江工商大学 2018 年校级研究生教育改革项目"大商科背景下民商法研究生商法课程教学实践探索"（项目编号：YJG2018211）。

　　** 马齐林，男，浙江工商大学法学院教授，博士，研究生导师，主要研究方向为民商法学。

　　*** 简怡倩，女，浙江工商大学民商法学研究生。

引　言

2017 年 9 月 21 日，教育部、财政部、国家发展改革委联合发布世界一流大学和一流学科建设高校及建设学科名单，同时提出了"到 2020 年，若干所大学和一批学科进入世界一流行列，若干学科进入世界一流学科前列"的总体目标，办有特色、高水平大学成为当今诸多国内大学的战略定位。建设国内同类一流、国际知名的高水平大学和一流学科必然离不开特色性，以法国为例，法国的法学学科教育主要在 45 个大学的法学院开展，但各个大学的授课方式却并不相同，其通常会根据学院的历史背景、地理位置以及周边经济环境等因素进行具有自身特色的专业课程设置，并且在培养方向上也并非局限于训练法官能力，而是期望可以培养出从事保险、银行、公共服务、不动产等在内的一系列职业复合型人才。[1]

从目前来看，我国法学院的法学教育同质化严重，院校特色性不足，教学方式刻板、课程设计单一、重理论而轻实践等现象成为常见问题，[2] 而该问题在商法教学上又有了进一步的体现。商法不同于其他法，市场交易实践既是商法的本源，亦是商法从根本上区别于其他法律部门的基本之点，甚至诸多商事规范就是从商事实践的惯例中诞生的，但从现实来看，我国法学院针对商法的教学普遍与其他法没有本质的区别，即使是在具有商科院校背景的法学院，商法教学也没有得到应有的重视。

在当下，商科类院校的法学院欲建立法学一流学科，必须结合院校自身独特的办学理念和特色。商科院校自身具有得天独厚的商科课程师资资源，具有培养商业思维的肥沃土壤，因此商科院校的法学院应以法律思维与商业思维的融合为创新点，培养具

---

〔1〕　朱明哲：《全球化背景下的法国法学教育——体系性追求及其面临的挑战》，载《中国法学教育研究》2017 年第 2 期。

〔2〕　王新清：《论法学教育"内涵式发展"的必由之路——解决我国当前法学教育的主要矛盾》，载《中国青年社会科学》2018 年第 1 期。

有商业思维的特色型法律人才，走"商＋法"复合型法律人才培养途径是必由之路，而其中提升商法学科地位、改革商法教学方式，则是必要开拓点。

在方法论层面，商法最佳教学方式应当是体验式教学。体验式教学以学生为中心，讲究师生互动式、学生参与式的教学方式，其改变了传统教学中灌输型的授课方式，翻转课堂，将学习主动权交给了学生，以达到知行合一的目的。因此，本文意在从体验式教学方式入手，创新商法教学方式，探寻商科院校建立法学世界一流学科的教学改革之路，促进法科生商业思维与法律思维的融合，为我国商事法律人才培养奠定坚实基础。

一、商法教学面临的困境

我国传统法律职业以法官和律师为代表，因此高校实践课程通常也以锻炼学生做法官的能力或做律师的能力为目标，对学生进行法律思维的培养。关于法律思维的经典论述见著于施密特《论法学思维的三种模式》中，其认为法学思维含有三元：规范、决断和秩序。[1]但实际上，以培养该传统法律思维为导向的法学教育与商法所要求的教学模式难以兼容。商事活动具有鲜明的创新性、效率性、逐利性等特质，商事纠纷的着重点也不在于传统的"胜诉败诉"上，而常常立足于如何高效地实现利益的最大化，这就使得商法对学生思维模式的要求与传统法学的要求迥然不同。商法更倾向于培养商事法律人才，而商事法律人才必须在理解商业思维和法律思维差异的前提下，寻求二者的思维平衡点，建立商事法律思维体系。

（一）商业思维和法律思维的差异

1. 法律思维秩序性与商业思维创新性之矛盾

詹姆斯·卡斯认为游戏分为两种：有限的游戏和无限的游戏。有限游戏具有边界，玩家在边界内斗争并分出胜负；无限游

---

〔1〕〔德〕卡尔·施密特：《论法学思维的三种模式》，苏慧婕译，中国法制出版社 2012 年版，第 45 页。

戏仍然具有边界，但玩家参与游戏的最终目的却不是斗争，而是打破边界，无限扩大游戏地盘，让游戏永远存续。通常情况下，法律人参与的是有限游戏，而商人参与的则是无限游戏。受法的稳定性、可预测性优点和僵化性、迟滞性缺点双重影响，"法律专业人员遵循向过去看的习惯，表现得较为稳妥，甚至保守"，[1]法律人更注重边界与秩序，更倾向于在既有法律框架内思考，以现有法律条文为大前提、以法律事实为小前提而进行三段论式论证得出结论，其谋求的是尽可能地、更高概率地在两造对抗的诉讼活动中胜出。

而对于商事思维而言，与其说商事思维关注边界，不如说商事思维更注重的是如何创新、如何打破边界、如何开发新的经济领域并建立新的秩序。以共享经济为例，在滴滴和 Uber 等平台创立之先，法只规制出租车与乘客之间的客运服务关系，注重的是以所有权为基础的普通经济模式，但 Uber、Airbnb 等共享经济平台打破了传统的藩篱，率先探索建立了以使用权为核心的共享经济模式，而该种新型经济模式的法律关系至今仍然是诸多法学家的研究对象。

2. 法律思维规范性与商业思维逐利性之矛盾

在价值观方面，法律思维和商业思维也体现出了截然不同的价值取向。法律思维以规范性为基础，法律人思考问题时的首要考量因素通常即规范，往往优先从现有法律条文出发，"透过严密的确定性的法律语言，运用逻辑推理去解释法律、适用法律和发展法律"[2]，围绕合法和非法来对现有法律纠纷进行思考和判断。以美国为例，美国法学院培养学生的法律思维时，通常强调法律人必须"迅速准确地找到适用于事件的法律条文"，必须"忠于证据和法律"等。[3]

---

[1]　孙笑侠：《法律家的技能与伦理》，载《法学研究》2001 年第 4 期。

[2]　林来梵：《谈法律思维模式》，载《东南学术》2016 年第 3 期。

[3]　李响：《美国经验启示下我国法学教育改革的路径探索》，载《学位与研究生教育》2014 年第 7 期。

但在商事思维逻辑上，追求利益最大化才能被视为一个正常的"理性经济人"，正如马克思所言："资本如果有百分之五十的利润，它就会铤而走险，如果有百分之百的利润，它就敢践踏人间一切法律，如果有百分之三百的利润，它就敢犯下任何罪行，甚至冒着被绞死的危险。"

具体而言，法律思维和商事思维首要价值观的迥异冲突将直接反映在当事人的行为中。如当事人即将进行一宗大型商品买卖，那么法律人将首要考虑双方在该买卖合同中的权利义务关系以及可能面临的法律责任，再在该基础上考虑利润与风险问题，最终可能得出的是停止交易的决策；但经济人通常先着眼于该次交易带来的利润，当利润足以让其心动时，经济人只会考虑如何降低风险或者合理地规避法律，哪怕在高风险的压力下，作出的可能仍然是继续交易的指令。

3. 法律思维刚性与商业思维权衡性之矛盾

法律思维的刚性通常指的是法律人对抗式的、非黑即白的思维倾向。法律思维的刚性由两方面导致：法律程序的刚性和大学教育体系的偏颇。在法律程序层面，由于法律人的眼中不仅存在着"实体公正"，同时还注视着"程序公正"，因此，法律人在分析法律适用的结论是否妥当时，除了关注所适用的法律条文是否正确外，得出结论的过程是否符合法律程序的规定也是至关重要的，法律程序的妥当性是法律适用结论妥当性的前提，法律人对法律程序的重视间接导致了其思维的刚性。在法科生教学层面，我国法学教育普遍存在着一定程度的理论与实践相脱离的现象，在大量理论课程中穿插少量实践课程成为法学院教学体系的常态安排，在该种背景下，数量稀少的实践课程只能围绕法官技能或者律师技能展开，这也间接导致了法律人刚性思维的养成。从法官角度来说，无论面临的是简单或复杂的法律案件，法官都必须依照法定程序审理并写出一份权责分明的判决书，社会对法官的职业要求导致法官思维必须具有刚性。同样地，对于律师来说，用尽全力胜诉才是最终目的，而非胜即败的思维即刚性的体现。

商事思维则与法律思维不同，若法律思维属于刚性思维，那么商事思维就一定属于"柔"性思维。商事思维带有天生的权衡性，一方面，商人天性趋利而避害，在进行决策时必须考虑成本与收益、机会成本与风险等问题，综合权衡多重因素才能做出最终决策。另一方面，商人追求的通常并非一次胜利，而是在各取所需的基础上尽可能创造互利共赢的局面，甚至有时会放弃短期利益以换取长期的合作，所有的决策都是基于权衡的考量。

（二）商事法律人才的思维模式设想

虽然商事思维的创新性、逐利性和权衡性与法律思维的秩序性、规范性和刚性具有诸多差异，但这并不意味着二者是完全对立冲突的，而是具有一定的联系，商事法律人才应当同时融合法律思维与创新思维，形成独特的"商事法律思维"：

1. 秩序中的创新思维

法律思维中的秩序性在代表着框架性的同时，还代表着有序性，而创新在代表着新的领域的同时，也是风险的代名词。因此，将法律思维的秩序性融入商事思维的创新性，可以为商事创新从灵感到实物的过程保驾护航，使得商业创新有序发展，最终成功转化为商业营利。而将商事创新思维融入法律思维，则有助于活化商法学生的思维发散性，从而更加灵活地运用法律解决商事纠纷。基于该层面，商事法律思维即在秩序中创新思维，在创新中建立秩序的复合型法律思维。

2. 规范中的赢利思维

近年来，经济犯罪案件层出不穷，商事思维中的逐利性应对此负主要责任。当商事思维中的逐利性过于占据主导地位，商人就会为了更高的利益而铤而走险，甚至不惜付出违法的代价。若在逐利性中融入法律思维的规范性，则可调和逐利性带来的负面效应，促使商人见利思义，将"效益至上"的商事思维限定在合法的方法和手段内，保障企业在规范中可持续发展。此外，市场经济下商事主体的营利性也要求商事法律人才具备赢利思维，在法律思维中融入逐利性，可以改善法律人偏向保守的思维倾向，激发学生思维多元性,在规范中为当事人谋求利益最大化。

3. 刚性中的权衡思维

除了法官、律师等传统领域的法律职业外,在公司、票据、保险乃至证券领域均需要法律人的参与,将权衡性融入刚性,可以促使学生多方位、多角度思考问题,通过比较获得最优解决方案;而将刚性融入权衡,则可以帮助商事思维在权衡的过程中寻求最佳的利益平衡点。以企业商事谈判为例,在刚性思维指导下,商事法律人才可以思考单次利益最大化的边界,并为此准备多种合作机制和途径,以便在接下来的商事谈判过程中更好地掌握主动权;而在权衡思维的指导下,可以帮助商事法律人才在谈判的过程中、在共赢的基础上为企业争取更大的利益。

二、体验式教学在培养商事法律思维中的实践探索

体验式教学最早可追溯至 20 世纪初,其最先应用于外展训练学校(Outward Bound),后经过整合美国实用主义教育家约翰·杜威的"在实践中学习"(learning by doing)理论、实验社会心理学家库尔特·勒温的"经验 – 学习循环圈"(experiential learning cycle)理论、瑞士儿童心理学家让·皮亚杰的"认知发展理论"(theory of cognitive development)等相关理论,体验式教学逐渐发展成为各行业各学科普遍运用的教学模式。笔者认为,商事思维与法律思维具有诸多不同之处,商事法律的技术性与实践性也对商事法律人才的理论结合实际能力提出了更高的要求,在传统法学教育无法满足社会对于商法教育需求的前提下,引入商法体验式教学法,更有利于法科生在体验中观察、思考、实践并反思,在经验中形成对商事纠纷独特的观察思维,从而"求同存异",促进法律思维与商事思维融合成为"商事法律思维"。[1]

---

〔1〕 马丽娜、南纪稳:《探究体验式教学》,载《当代教育论坛:学科教育研究》2007 年第 6 期。

（一）明确目标：商科体验式教学的原则

1. 以学生为中心原则

学生主体原则既是体验式教学的基本原则，也是商科教学的立足点和出发点。作为商科院校建立法学一流学科的创新课程教学模式，体验式教学能否得到有效实施依赖于教师和学生对于角色转变的共同认识。总结来说，以学生为中心对商事课程授课老师与学生提出了以下三点要求：主动搜集、主动发言和主动融合。

主动搜集主要倾向于课程资料的收集。体验式教学通常在课堂创设情境引导学生思考，这就要求学生具备良好的法律信息素养，具备在信息社会快速、准确获取信息的能力，提前预习掌握课上可能所需的知识，以应对老师创造的复杂情境。主动发言则是学生和教师中心地位转变的最明显标志。应当明确的是，主动发言的主体是学生，这就要求商事法律教师多问而少答，多以启发为目的进行提问型授课，以完成从单纯的知识传授者变成了思维的引导者和帮助者的角色转变。主动思考则是主动发言的必然前提，传统模式中，学生是接受外部刺激的被动接受者和灌输对象，但主动发言就使得学生在思考的基础上成为主动输出者，从而自主完成信息的加工、知识的建构以及思维的融合。

2. 职业价值导向原则

大学教育是否应以职业价值为导向一直为学界所争议，以德国为主的理性化法学教育模式通常强调学生进行三段论式演绎推理的能力，更倾向于对学生法律规范体系化思维的培养；而以英美为主的经验化法学教育模式则以职业为导向，要求学生掌握大量的实践案件，更看重法律生的案件区别技术。[1] 笔者认为，大学教育归根结底仍然应当为社会服务，为社会需求服务，而商事法律人才是融合了商事思维与法律思维、应用于商事与法律交叉领域的职业型人才，因此以职业价值为导向应当成为培养商事法

---

〔1〕　季金华、李海峰：《法学教育的理性化模式与经验化模式之比较》，载《法学教育研究》2018 年第 3 期。

律人才的原则。以职业为导向体现在以下两个方面：教学课程体系安排和课堂情境设置。就前者而言，商事法律人才是同时融合了商业思维与法律思维的复合型人才，因此在教学课程体系设置上必然异于普通法律人才培养模式，而应当增设经济学等相关科目的课程；对于后者来说，其要求商事法律课程授课教师必须立足于商事实践中遇到的现实问题进行情境设置，引导学生自觉运用商事法律思维分析问题、解决问题，避免纸上谈兵、理论脱离实际。

但是这并不意味着法学核心基础知识应当被忽视，学生仍然需要在体验式教学之外完成法学核心基础知识的学习，仅在知识运用教学的方法论层面强调以职业为导向。

3. 教学实效原则

商法体验式教学的最终目标在于促进商事法律思维的建立，因此在授课过程中，授课教师在鼓励学生以多思维、多角度进行自主学习的同时，应时刻注意课堂的动态反馈，根据学生的反映及时调整教学方向，帮助学生在体验中实现对商事法律知识的领悟和融合，充分发挥体验式教学的优势。

（二）落实体验：商法体验式教学方法论

体验式教学设计通常从教学理论和教学心理的视角出发，让学生在体验中强化思维逻辑、经历情绪转变，同时以实践中问题解决为逻辑起点，达到知情合一、知行合一的教学目标。[1]因此，国内学者一般认为，体验式教学的关键词为互动、体验、实践和环境。[2]而这四个关键词，正是解决我国商法教学困境、促进商法学生的法律思维与商法思维融合的切入点。

1. 互动：抛锚式教学的引入（Anchored Instruction）

基于商事活动的流动性、实践性，商法学子要想完成对商事

---

[1] 蒋常香、毛莉婷：《体验式教学在高校心理健康教育课程中的实践探索》，载《教育学术月刊》2013 年第 12 期。

[2] 张金华、叶磊：《体验式教学研究综述》，载《黑龙江高教研究》2010 年第 6 期。

法律知识的建构，即达到对商事活动的性质、规律以及商事活动与法律之间联系的深刻理解，最好的办法就是自己到现实世界的真实环境中去感受、体验，但是基于学生的身份限制，完全脱离课堂进入社会进行实践的可行性较低，而抛锚式教学可解决这一矛盾。抛锚式教学是建构主义教学模式的三大模式之一，主要提倡以真实问题为基础（作为"锚"），让学生在课堂上经历现实案例，以达到行为与认知相统一的境界。[1]具体操作步骤如下：

（1）创设情境。创设情境是抛锚式学习的第一步，在该步骤中，授课教师必须创造一个和现实情况相同或高度相似的情境，以使得学生对案件的现实情况具有全方位的了解。以保险法授课为例，近年来以网约车为代表的共享经济迅速发展，随之而来的网约车保险问题成为争议的焦点，授课教师可择一典型网约车交通事故责任纠纷作为情境案例，引导学生进行代入学习。

（2）确定问题。每个问题就是一个"锚"，抛锚式学习即由教师根据给出的情境结合当前的学习主体不断抛出问题，使得学生在课上面临一个个需要即刻解决的现实问题，以完成从理论到实践，从认知到行为的转变。每个情境均具有多个思维角度，通过从多个角度思考问题，可促进商业思维与法律思维的融合。以滴滴出行科技有限公司、何飞机动车交通事故责任纠纷为例，在授课课堂中，可先从保险法角度提出诸如"顺风车行为的性质、网约车投保义务归属、网约车可投保种类"等问题，以引导学生进行保险法的学习，培养法律思维；再可从经济学角度提出诸如"网约车平台如何降低运行成本""保险公司是否应当设立私家车运营新型保险"等问题，以引导学生进行成本与风险等经济法知识的学习，促进商事思维的生成。

（3）自主学习。自主学习即上述以学生为中心原则的具体体现。在分析问题时，授课教师通常不直接告诉学生如何解决问题，而是仅仅提供解决问题的线索，从而保证从发现问题到解决

---

〔1〕 何克抗：《建构主义——革新传统教学的理论基础》，载《电化教育研究》1997 年第 3 期。

问题的过程均由学生主导。该阶段主要培养学生主动运用商事法律思维进行思考问题的能力，例如在前期资料搜集阶段是否充分考虑了法律相关资料和商事相关资料、在解决问题时是否从各个角度进行思考。

（4）协作学习。协作学习指的是不同观点的学生交流讨论的过程。协作学习是商法学子进一步融合法律思维与商事思维、不断调整完善自身商事法律思维的催化剂。通过协作学习，不同思维倾向的学生可以以不同观点交锋，从而更加了解另一种思维模式的思考过程，取长补短，自我完善。

（5）效果评价。抛锚式教学的优势之一即效果评价反馈的实时性。由于在抛锚式教学的过程中，学生思考的问题就是真实发生的甚至未来职业中可能会遇到的问题，而学习的过程就是解决问题的过程，因此在学习过程中就可以直接反映出学生思维的倾向性，而无须通过课后的期末考试来再次考核。

2. 环境：模拟公司

目前高校法学教育中，以模拟法庭为主流实践模拟场景。模拟法庭通常将学生分为三部分，一部分扮演法官，另外两部分分别扮演原告和原告律师以及被告和被告律师。基于上述分析可知，法官思维与律师思维均同属于刚性思维，其具有非黑即白、非胜即败的特质，而高校举办的模拟法庭正强化了这一点。但商事法律思维不同于单纯法律思维或者单纯商业思维，因此在商科院校开展模拟公司的实践操作，更符合对商事法律人才培养的需求。

通过对公司创办过程的模拟，一方面，可以激发学生投身商事法律实践的主动性，促使学生更加积极地了解商事运作的过程；另一方面，模拟公司的环境可以为上述抛锚式教学提供更真实的体验，与抛锚式教学相互补充。具体来说，模拟公司可设立以下阶段：

（1）公司模式选择模拟。以学生自行模拟共享经济类公司的创办为例，此时学生第一阶段将面临设立何种类型的共享经济公司的抉择。目前我国现存的有共享住宿公司、共享单车公司以及网约车公司等，不同模式的共享经济平台具有不同的优势与风险，究竟是选择已有模式跟进，还是创设新的模式，同样需要抉择，这就使得学生在模拟商业环境中不自觉运用法律思维，在选择和决策的过程中逐渐生成商事法律思维。此外，通过各模式的对比，也可以使学生对新兴经济有更深入的了解，激发学生的创新性和创业积极性，改变目前总是在公、检、法以及律师事务所实习的局面。

（2）公司创设过程模拟。第二阶段即公司模式确立后的发起过程，通过指导学生基于已选择的共享经济公司模式，进行公司发起、出资验资、章程设计、股权结构设计、商事登记等一系列程序设计，建立从书本到实践、知行合一的过渡，可帮助学生对公司内部运行模式有更深刻的理解，以便于学生在毕业后从事与商事相关的非诉业务。

（3）公司运行模拟。第三阶段是公司的运行阶段，此时可由不同学生进行不同角色扮演，自主设计公司即将遭遇的纠纷，由一部分学生主动抛出"锚"，而另一部分学生解决"锚"，以模拟多变的商事实践问题。在课堂互动的抛锚式教学中的案例虽然已经尽可能地还原纠纷场景，但实际上仍然是经过技术处理的商事诉讼案件，与社会现实存在一定的差距，且案件出现的问题和争议点均已设置前情，在一定程度上限制了学生的发挥，而由学生主动发现问题、提出问题、解决问题，可以在运用法律知识的同时提高学生发散性的商业思维。

（4）商务谈判模拟。商务谈判指的是进行商事交往的商事主体间，为达到各自的经济目的、促成商业交易而进行的交流磋商活动。在商务谈判中，一方面，学生在秩序、规范和刚性的法律思维的引领下，更多地关注法律风险防范；另一方面，创新性、逐利性和权衡性的商业思维，又能指引学生关注企业经济效益的最大化。商业思维追求的是商务谈判可以获得的利益，法律思维的结果是防范法律风险。"在商务谈判中，自始至终都是人的思维在起作用"[1]，学生在模拟商务谈判的过程中，为了平衡谈判中企业的风险与收益，就不得不在法律思维与商业思维之间回转、切换，从而实现两种思维的融合。

3. 实践与经验：校企联动

校企联动指的是高校法学院与校外知名企业基于互助而建立的联合关系。实际上，建立校企联盟对于校方与企方来说均是双赢的局面。对企方层面，可以接收合适的商事法律人才留职，缩短实习期的培训时间，降低人才成本。对校方层面，可以使学生在校期间即可获得实践锻炼机会，同时更好地结合社会对商事法律人才的新需求。上述两点体验式教学虽然已尽可能模拟真实商事环境和商事案例，但仍无法脱离课堂的局限性，而建立校企联盟，实现校企连带，则是知识转化为行为、理论转化为应用的真正实践。

校企联动方式有二：一是鼓励和引导学生走出去，利用暑期以及实习课程到合作企业锻炼实习。通过近距离感受商事企业氛围，学生可不断调整和检验自己先前课堂互动和模拟公司中受到的启发和经验，最终形成完整的商事法律思维。二是将企业家和经理人引进来，定期设置"商事大讲堂"，邀请各行成功企业家、法务主管以及经理人作为实践客座教授，亲身讲授商事经营过程中的实战经验，扩大学生商业视野。

三、结语

商法学虽然是教育部确定的法学 14 门核心课程之一，但基于其特有的实践性与技术性特征，传统教学方式通常难以适应商法教学的需求，无法充分调动商法学生的积极性，培养其商事法律思维。本文提出的体验式教学理念及其方法论是解决该困境的出路之一，但实际上商法体验式教学改革仍然面临诸多困难：体验式教学对商法教师素质要求严苛，前期教学准备工作量大且较

---

〔1〕 文川：《商务谈判法律思维的构成及作用机制》，载《石家庄经济学院学报》2012 年第 4 期。

为复杂，课堂管理难度高，教学反馈体系也未发展成熟，且在教师缺乏经验把控不当的情况下易使得学生混淆体验式学习与娱乐的界限，导致主题的偏离。此外，体验式教学是针对商法教学实践性不足这一缺点而设计的教学方式，但这并不意味着体验式教学可以取代传统理论知识的传授。本科阶段，仍需以 14 门法学核心课程的理论学习为基础，辅以商法体验式教学创新模式，以培养基础知识扎实、实践操作熟习、兼具商事思维与法律思维的商事法律人才。

体验式法学教学与学生心理的交互作用研究[*]

◎季长龙[**] 刘 筱[***]

摘 要： 在现有的实践性教学试验中，"体验式教学"获得了长足发展，成为目前流行的一种教学模式。但是在实际运用过程中，更多注重形式层面的"体验"，而忽略了学生作为学习主体对于该模式的吸收和反馈。没有获取学生心理反馈信息的"体验式教学"是不成功的，学生的反馈是教学范式的曝光镜，通过对照才可以发现实践操作中的更多问题，从而予以纠正。要突破目前的瓶颈，必须重视学生对体验式教学的心理变化与反应。结合体验式教学的社会背景、教学模式阻点，体验式教学应该更加注重学生心理层面的积极性、认可度、参与度，感知到学生心理层面的变化，增加学生学习动力，不断调整体验式教学模式，最终达成二者的契合。

关键词： 体验式教学 心理反应 瓶颈

---

* 本文是 2016 年浙江省高等教育教学改革研究项目"法学专业'体验式'人才培养模式探索"（项目编号：JG20160066）；2016 年浙江工商大学课堂教学创新项目"面向法治思维培养的《法理学》课程社区建设"；2015 年浙江工商大学高等教育研究课题"法学案例教学法常态化应用模式创新研究"的研究成果。

** 季长龙，男，浙江工商大学法学院基础法学系副教授。

*** 刘筱，女，浙江工商大学法学院法理学专业研究生。

　　"不得不用已被用滥了的陈词滥调：这是中国法学院最好的时刻，也是最坏的时刻"。[1] 十多年前何美欢教授的这句话依旧适用于今日的中国法学教育。不同往日的是，当今的中国法学院在时代激流中几经涅槃，在依法治国进程中承担了培育精英法治人才的重担。2012 年教育部与中央政法委联合实施"卓越法律人才培养计划"，大力培养精英法治人才成为法学教育的重中之重。但是，传统法学教育中"捏泥人式教学""灌输式教学"的教学模式一直为人诟病，如何改革法学教育方法成为新的挑战。部分高校尝试引进国外的实践教学模式，包括案例教学、法律诊所教学、体验式教学、模拟法庭、讲座等与社会实践有所交融的教学模式。其中体验式教学成为实践性教学的中心，但是在实际操作中，多数法学院偏重形式上的"体验"，忽略了学生作为学习主体对该教学方法的心理承受能力。实际上，不能想当然地推进所谓"理想"的体验式教学，而应该结合学生对该教学方法的吸收程度来进行及时调整，最终达到二者契合的最佳状态，达到培养法治精英人才的法学教育最终目的。

一、体验式法学教学范式应运而生
（一）传统法学教学范式面临淘汰

　　在普通法学教育泛滥和精英法治人才匮乏的今天，不论是法学院还是教育中的"师生"主体，都不约而同地感受到传统教学的乏力。如同在高铁纵横的时代，我们的法学教育就像是普快列车，虽然依旧前行，但行进速度明显落后于其他国家。国内主要的法学教学范式是"讲授式"穿插"案例分析"，部分教师欲脱离纯理论式说教，尝试利用分析案例来讲解知识，但其本质还是"教师讲授，学生接受"的教学范式，忽略学生作为学习主体的心理抗逆性和学习效果，最终只能落实于通过考试手段来促进学

---

　　[1]　何美欢：《理想的专业法学教育》，载《清华法学》2006 年第 3 期。

习。国内学者多数已经针对现有的传统教学模式做出了批判，传统教学模式显然已经不适应精英法治人才的培养需求。作为未来的法官、检察官、律师等职业群体，既需要高水平的专业知识，更需要实践操作能力。部分学者对国外的实践性教学进行研究，试图将国外的教学模式套用至中国的法学教育，几度争议后，实践性教学中的体验式教学以其具有可行性、普及性、易接受性，更符合我国国情和教育现状的特点，获得高校法学院的青睐并在中国法学院遍地开花。

"体验式教学"（Experiential Teaching）作为"舶来品"，来源于英美法系国家，重在培养学生的实践操作与创作能力，旨在让学生在虚拟真实的工作环境或者模拟的特定情境中进行学习并创作。[1]体验式教学强调的是"体验"，学生在学习过程中，着重以亲身经历感来消化理论知识。与"体验式教学"相对应的是"体验式学习"（Experiential Learning）[2]，学习绝不是单方面或机械的教学活动，更多的是以"学生"为中心，最终通过实践来获得知识的过程。同时，体验亦是一种心理接受和吸收的过程，学生心理的变化对学习能力起到重要的暗示作用，体验式教学的心理基础是"价值心理学"或"存在心理学"。[3]学生心理层面的"体验"突出地表现为"积极参与情绪、成就情绪、排斥情绪、沮丧情绪"等，并在体验过程中明显地表现出来的学习态度和动力，通过及时感知学生的心理变化，利用"积极心理学"更能起到学生对学习态度的调适作用。

---

〔1〕 唐东楚：《复合型法律人才培养的体验性教育——以 JM 模拟法庭为例》，载《2013 年教育部高校法学学科教学指导委员会、中国法学教育研究会年会会议论文集》，第 200 页。

〔2〕 早在 20 世纪 20—30 年代，约翰·杜威（John Dewey，美国哲学家、教育学家、心理学家）在其建立的学校教育中，就反对传统的灌输和机械训练的教育方法，主张从实践中学习。提出"教育即生活，学校即社会"的口号。其教育理论强调个人的发展、对外界事物的理解以及通过实验获得知识。

〔3〕 张华：《体验课程论——一种整体主义的课程观（下）》，载《教育理论与实践》1999 年第 19 卷。

（二）全面推进依法治国更需要精英法治人才

创新是引领发展的第一动力，是建设现代化经济体系的战略支撑，[1]培养造就一大批具有国际水平的战略科技人才、科技领军人才、青年科技人才和高水平创新团队是建设创新强国的基础动力。现代社会缺乏的不再是普通的法科毕业生，而是发现实践中法律问题和灵活运用法律的高端精英法治人才。我国的硕士招生也一改以往纯法学专业的招生模式，学习吸收美国法学院法律博士（Juris Doctor）的教育模式，开设法律专业硕士学位（Juris Master），旨在培养以实践为导向的法治人才，相比纯理论人才，中国市场上的实践人才更加"供不应求"，各大高校法学院均在探索和改变现有教学模式，注重实践人才的培养，该模式已经取得一定成果，但是缺乏系统的实践教学的试验和运用。因此，国内实践性法治人才培养模式仍在摸索中。

现阶段培养的法律人才具有显著的特点。一是实践能力不强，操作能力不够。由于学校的学习过程更加偏重"接受式"的学习，工作后的写作能力、分析能力、辩论能力、运用能力以及创新能力跟不上理论水平，很多学生毕业后不会写诉状，文字陈述能力差。二是理论基础不扎实。在学校的法学教学中，学生仅对法学知识达到一定水平的记忆，但是缺乏更高层次的理解，导致实务界通常认为法学毕业生属于"背多分"，背诵记忆的所谓知识仅仅应对期末考试，毕业以后，理论知识已经遗忘大半。三是学习能力不强，创新能力低。学生要从似是而非的东西里看出问题来，找出好的部分和坏的部分，需要对理论有深入的理解，而这里的理论不限于法学理论，还应包括政治学、经济学、社会学、心理学等。[2]在实务操作细节中，永远都需要创造力，并不是每个案件都有法可循。不论是法官、检察官或是律师，在每个案件中都需要创新和运用的能力，因为实践中的案件是错综复

---

〔1〕　十九大报告。

〔2〕　何美欢：《商法救国》，清华法学院学生会"大家讲坛"演讲，鲁楠整理，2008 年 5 月 31 日。

杂，涵盖多学科的"手术"，学生要在掌握法学理论的基础上学习其他专业或学科的知识，加以运用。

（三）法学院师生对体验式教学日益期待

基于对目前法学教育"顽症"的认识，法学院教师、学生等都有对"体验式教学"的渴望。在国内对法学教学范式的探索中，首先，传统的"纯讲授式"和"单向灌输"式教学范式已无法调动起学生的积极性，学生甚至认为这是学院或教师没有能力的表现，从而对法学课程产生枯燥无味的认识；其次，比较高端的"诊所教学"范式，其外在条件要求较高，需要以真实案件为演练对象、特定的教室、真实的律师，而律师的参与又需要一定经费支持，此外当事人能否愿意把自己的案件作为学生的"试验品"也未可知。因此，"诊所式教学"仅在极少数具有条件的高校中开展，比如浙江大学就开展了此类教学活动，由精英律师就实际案例与学生进行互动式学习交流，而普通的高校由于客观条件以及经费的限制，对于该种教学范式"有心无力"。

此外，近年来风靡各大高校的"模拟法庭教学"也是较为可行的体验式教学，其优点在于让学生亲身经历不同角色，吸收和思考真正法庭审判所需要的操作细节和学习方法。但组织一场模拟审判需要确定角色、搜集案例、组织人员等一系列繁琐的过程，而且其所学的审判流程与法院的真实流程存在差异，其耗费的成本远不如在法庭听一场真实的审判效果好。[1] 而相比较于国外的法律诊所式教学与模拟法庭教学，"体验式教学"契合了我国师生的"效用"心理，能以最高的效率或最低的成本学习到更多的知识和能力。

在学校层面，与其耗费巨大资金和场地、人员等资源，还不如综合利用社会资源，将"模拟战场"放在社会实践中去，学校更加期待促进学校与社会实务部门的合作，提高学生的学习质量。在教师层面，传统的照本宣科式的教学或者是穿插案例的教

---

〔1〕 季长龙：《中国特色法学教育体验式教学法的体系构建》，载《人才培养与教学改革——浙江工商大学教学改革论文集》，2015 年，第 14 页。

学也带来困惑。面对本就枯燥的理论知识，就算老师学富五车，努力调动起课堂的氛围，仍旧避免不了学生低头玩手机的场面，从而教师的积极性也会备受打击，产生挫败感。因此，教师更加期待体验式教学，让学生放下手机参与到课程学习中来，不仅着眼于提高学生的理论水平，同时提高学生的实践操作能力。最后，在学生心理期待上，由于"体验式教学"带来的挑战和未知感激发了学生的"积极心理"，期待通过体验式学习学到真正的知识，并且通过与社会的接触培养自己的生存能力和职业竞争力。

二、法科学生对体验式教学的心理障碍
（一）浅尝辄止的"体验"

针对社会用人单位对毕业生"眼高手低"的抱怨，学生从心理上更感到"委屈"。作为21世纪的大学生，虽然每年的就业形势非常严峻，就业压力也非常大，对于抱着"法官梦""检察官梦""律师梦"考进来的法科学生，有着做一名成功"法律人"，或是一名"准中产阶级"的期待，"眼高"是难免的。但是，法学学科的理论学习与实务操作又是大为不同的，"手低"的情况也就因此发生了。教师和学生对"体验式教学"都抱有较高期待，但多数学校也在摸索阶段，缺乏体系化的教学课程，例如必修课程以及相应的教材，有的学校引进诊所式教学与模拟法庭教学，但由于不同学校组织能力的差异、资源的差异，实际效果并不理想。有的学生大学四年才体验一次，充其量不过是个学习过程的点缀而已。

国务院早在2010年就提出在193所高校实施"卓越工程师教育培养计划"，启动卓越医生、卓越法律人才等教育培养计划，系统设计"高等学校创新能力提升计划"，鼓励高校探索与有关部门、行业企业、科研院所协同创新、合作育人的新模式。[1]各

〔1〕　国务院《关于实施〈国家中长期教育改革和发展规划纲要（2010—2020年）〉工作情况的报告》——2011年12月28日在第十一届全国人民代表大会常务委员会第二十四次会议上。

大高校进行改革试验，其中"体验式教学"作为目前接受度最高的教学范式取得了多方认同。从学生心理层面讲，在探索式的教学范式中，自己作为被试验的"小白鼠"，对新的教学范式处于观望状态，最看重的还是作为终极评价的"考试"，多数学生并未真正进入体验式教学的状态之中。导致考试是根本，体验是辅助。很多学生认为自己通过"司法考试"就有实践能力了，不要说是体验式教学，对作为真正实践教学的毕业实习也未必重视，不认真对待实习过程，更多是为了学分而实习的心态。

（二）"投入与产出比"是否"划算"

毫无疑问，体验式教学对于学生而言是利大于弊，学校留出专门的实践时间给学生，以期帮助其渡过职业迷茫期，这比以往没有过渡期的纯理论教学有很大进步。但是任何选择都是有成本的，任何好的教学法都需要投入巨大的精力。在低年级阶段，学生花费大量时间进行体验式学习，难免影响其基础理论的掌握，而在高年级阶段，进行体验教学最重要的形式就是模拟法庭教学和实习。

首先模拟法庭是由校内组织的，遵循了"出去搜集案例资料，带回来模拟开庭审理"的模式，[1]当遥不可及的法庭摆在学生眼前时，学生会带着"积极心理"投入到学习过程中，但为了追求程序的完整，追求真实化、完整化的庭审，在过程中难免带给学生一些错觉，例如在审理前会针对案例的判决进行研讨，出现"未审先定"的做法。这不仅为就业后的审判实践埋下认知隐患，更无助于指导老师发现学生的问题[2]。

其次是实习，现有的实习，高校主要是通过与企业、政府等单位进行合作教学。而在学生心理层面，在自己的黄金过渡期，积极参加社会实践，尽快进入职业状态是有利的。但是部分法学

---

〔1〕 张华：《体验课程论——一种整体主义的课程观（下）》，载《教育理论与实践》1999 年第 19 卷。

〔2〕 张华：《体验课程论——一种整体主义的课程观（下）》，载《教育理论与实践》1999 年第 19 卷。

院强制要求学生去签约的单位实习，或者要求在合作的单位实习，通常没有实习补助或实习工资。然而实习单位往往与最后工作单位不同，学生在耗费时间的同时也错失很多真正的工作机会，造成沉没成本增加。学生在大学期间与职业选择之间缺乏一段缓冲期和一个睿智的引导者，在这一过程中，学校和实习单位都应该明确自身在这一阶段中承担的教学责任，给予学生锻炼和职业指引。

（三）严峻就业形式下的学习焦虑

引入体验式教学的目的是培养国家法治建设所需要的精英法律人才，而根据近年来的统计，随着本科学校招生人数的上浮，以及法学硕士研究生培养方式的转型，导致出现法科人才市场普通法律人才"供过于求"，精英法律人才又"供不应求"的尴尬局面。2018 年 6 月 11 日，麦可思研究院基于部分 2017 届大学毕业生毕业半年后及部分 2014 届大学毕业生毕业三年后的调查数据，发布《就业蓝皮书：2018 年中国大学生就业报告》，法学属于红牌专业，该报告指出 2017 届本科毕业生半年后就业率最高的学科门类是工学（93.5%），其次是管理学（93.2%），最低的是法学（85.3%），就业率、薪资、就业满意度综合水平较低。在严峻的就业环境下，学生大多倾向于"功利性"的选择，更看重短期效益。例如，个人的职业规划是一名律师，那么尽早进入律师事务所实习，一方面可以积累经验，另一方面可以积累人脉、资本等，相比较花大量时间在其他单位实习更有成效。

此外，当学生开始接受一种新的教学模式，不论是以实习、小组讨论、辩论、写作或者是参加模拟法庭等形式，都存在着语言方面以及情感方面的焦虑，而其中要关注的还有个性化的部分。[1]因材施教，灵活变动是体验式教学的内在要求，因为在接触新的教学范式时，学生心理存在自我能力的"存疑"，多有自卑感或者在达不到要求时出现挫败感。对于新的教学范式体现出

---

〔1〕　Leslie K. Hickox, "Personalizing Teaching through Experiential Learning", *College Teaching*, Vol. 50. 4（Fall, 2002）, p. 123.

来的焦虑感也存在于法科生身上，要克服这一焦虑，必须从心理上予以重视，给予心理疏导，加强学生的自信力建设。

三、体验式法学教学范式的瓶颈所在

（一）培养目标不明确

《礼记·中庸》："凡事预则立，不预则废。"在开始"体验式教学"之初就应该认清我国目前的法学教学现状，明确"体验式教学"的人才培养目标。而根据我国法学教育现状，在实施依法治国的发展战略下，法治人才依旧是紧缺的，但是紧缺的到底是什么样的法治人才依旧不明确，导致教学改革伊始，便出现五花八门打着"体验式教学"旗号进行的教学计划和改革。但教学改革是个循序渐进的过程，在这个过程中首要面对的是改向哪个方向，明确改革方式要服务于最终的目标。首先从宏观层面讲，2018 年 10 月，教育部、中央政法委联合印发意见，实施卓越法治人才教育培养计划 2.0[1]，显然国家对法治人才的需求度非常高，要求现代教育体系加快培养具有中国特色的法律人才，但"特色人才"需要涵纳哪些素质又含糊不清。其次是中观层面，人才培养出来以后，最终战场是社会，学生要学的不仅仅是理论知识，更包括发现问题、分析问题、思考问题的能力。体验式教学在追求程序完整的时候忽略了教学的实质需求，参与体验式教学的主体包括高校、司法部门、律所等，其应该秉持"培养"的态度提高素养，而不仅是让学生在体验中进行简单劳动。最后是微观层面，在体验式教学中，每个学生都是独立的个体，有自己的个性，作为体验式教学的"中心"，学生需要学习到什么知识和能力，又应该采用怎样的学习方法，也应当有一定的心理预判和计划。

（二）运行机制短期化

法学教学的"创新"绝不是教育界与学术界的"一时兴起"，

---

〔1〕 参见 http：//www. gov. cn/xinwen/2019-02/04/content_5363871. htm，最后访问日期：2019 年 2 月 26 日。

而是有计划地去改革，并在摸索中不断优化。部分高校在继续推进"体验式教学"，例如清华大学在2014年发布的《清华大学关于全面深化教育教学改革的若干意见》中，提到重点建设应用型人才。但是普通高校由于教师、经费等方面原因，不能长期坚持法学教学的改革，由于缺乏长效运作机制，往往在尝试几次后依旧回到教学的舒适区。此外，学校以外的教学主体更是从用人单位的立场来看待"校企合作"，没有定期接洽交流机制，"被动"参与的社会主体很容易放弃对"体验式教学"的尝试。比如，法院、检察院、律师事务所进校园计划，尽管我国教育部与其他相关部委发布了《关于实施高等学校与法律实务部门人员互聘"双千计划"的通知》，而据统计，计划实施的5年中，累计有1146名实务专家、1069名高校教师参与了计划，其中法官470人，检察官308人。[1]可见，计划的实施力度和深度还不够，其中的阻点不仅包括法律因素，也包括经济因素以及其他因素。许多高校尝试几次就中断了原先的计划，导致体验式教学就是一次创新性实验，并未形成长效的运作机制。

有关"体验式教学"的研究也不够深入。笔者根据中国知网的搜索，截至2018年12月31日，中国知网在近十年中有关于"体验式教学"的文章数量接近四倍的增长，尤其在2015年数量达到最高峰，足以见得"体验式教学"在教育范式中的重要性；但是在2015年后逐年减少，从一个侧面可以得知，为了深入贯彻

图1　体验式教学文章数量

---

〔1〕　王健：《法官检察官到法学院兼职十分必要且刻不容缓》，参见微信公众号"法学学术前沿"，2019年2月21日。

落实党的十八大、十八届三中全会精神和《国家中长期教育改革和发展规划纲要（2010—2020 年）》，2014 年对于体验式教学的研究达到了最高峰，而后的研究都大同小异，没有深入地研究体验式教学的瓶颈与长效运行机制的文章。

（三）教学方法非系统化

现有的"体验式教学"，由于教学范式仍旧在初级阶段，各地区以及高校存在资源差异，教学方法五花八门，零零散散地开展，缺乏系统性的教学培养模式，因此，我国还未能建构起一套系统的"体验式教学"方法。首先，缺乏"体验式教学"基本理论系统。各高校都在开展体验式教学，教学内容也有不同，体验式教学的著作也是寥寥无几。因此，具体操作中不同主体对于"体验式教学"的概念理解也不相同，例如，部分教师尝试引入大量的案例来引导学生学习，也有采用"学生主讲，教师总结"的形式，认为这就是所谓的"体验式教学"。但如果认为形式上的改变就是实施体验式教学，那是对"体验式教学"的基础理论了解不够透彻。只有参与主体清楚地知道自己在经历着怎样的教学历程，知道自己的学习目标，才能最终达到法治人才培养的最终目的。

体验式教学方法的范围大于参与式教学，体验式人才培养范式应当先把教学方法体系建立起来。教学方法不仅是在实践层面下功夫，更应该反省现有的教学体系，在课堂、课后、实训、实践、比赛等各个环节，将实践和理论组成一个完整的教学系统。在开展新的教学范式时，应当注意学生的基础理论变革，比如衡量学生的综合素质水平的比例，平时成绩和期末成绩、实践成绩的比重，应该根据不同阶段的重点教学目标来划分。最后是新的教学方法难以做到常态化，受制于教材、课时分配、阶段任务等，教师更多地将课堂案例分析与学生自主学习分析当作锦上添花，而非常态化的教学形式。此外，体验式教学中大致的几种模式多作为尝试，平常课程中创新点较少，创新难度大。学生目前的阅读更多是电子产品，目前教学中基本配备了幻灯片等设备，但对其他移动互联网教学设备应用较少。

（四）学习效果反馈机制缺位

相比于其他教学范式，体验式教学突出关注的不仅是怎么去"教学"，更应该关注学生的"表现"。但是在实践操作过程中多是以"教师"为中心，而忽略了"学生"的中心地位。体验式教学的优越之处在于通过体验式教学的过程，学生通过"体验"掌握积极提出问题、调查、试验、好奇、创新、承担责任的能力。因此，最重要的信息处理中心是学生，学生需要通过"体验式教学"这种途径来不断练习自己学习处理信息的能力。但是由于教学是教师基于自身经验为背景的传输，在反思经验时，教师往往具有更大的力量（power）来传达根据自身经验的总结，正如实践中那样，"教"为中心远远多于"学"为中心。[1]没有获取学生心理反馈信息的"体验式教学"是不成功的，学生的反馈是教学范式的曝光镜，通过对照才可以发现实践操作中的更多问题，从而纠正。

目前的"体验式教学"还缺乏对学生心理焦虑的回应，面对学生对新的教学模式的心理障碍，应当及时调整教学重心和模式，例如参加专业性的比赛所占学习时间的比重和实践学分安排等。比赛更多是一种鼓励而不是强迫的形式，针对个性较强或有学术兴趣的学生，可以鼓励参加"征文""读书交流会"等形式的交流，"体验式教学"可以是多形式的，最终是考虑学生的特性，通过各种方式最终达到教学目标。实践中，不能仅以考试或老师的考评作为体验式教学的反馈，而应该更重视实践中学生亲身体验的心理反馈以及用人单位的反馈，例如高校采用的模拟法庭教学、实务部门教学等形式是否让学生具备了基础能力，只有得到学生的反馈和用人单位的反馈才能进一步优化教学方案。例如实践中的体验式教学由于过于重视"体验"而忽略了"理论"的重要性，导致学生在学习理论阶段没有打下扎实的理论基础，反而被用人单位所诟病。

---

[1]　Cheryl A. Estes, "Promoting Student-Centered Learning in Experiential Education", *Journal of Experiential Education*, 2004, Volume 27, No. 2, p. 142.

四、体验式法学教学的"进阶"路径

(一) 明确体验式教学改革目标

在实行新的教学范式之前，确定好我们的法治人才需要具备哪些素质和能力是首要任务。体验式教学和体验式学习都是以"学生"为中心的探索，最终要培养出个性化的个人和有终身学习能力的学生。我国目前"体验式教学"的首要目标是满足现在以及未来对法治人才的需要，特别是涉外法学人才。首先是价值观和心理层面的引导，在法律全球化的社会背景下，加强师生的"使命感"和"责任感"建设，从学习的动力加以引导，促使教学主体站在国家和社会需求的角度去开展教学。其次是由知识向能力转向，世界是普遍联系的，法治国家不仅仅是用"法律"手段来治理，更包括其他人文社科类的知识，因此要拓展学生的多学科知识，分得清各个学科的理论、原则、政策，具备将道理和细节结合来提出有理有据主张的能力；任何事物的成长都是在发展中前进的，发展源于对问题的研究，学生应当具备承认问题的勇气、研究并解决问题的能力。最后是在学习方法层面，将教学重心从"教"转向"学"，推动理论讲授式转向体验式教学模式。"体验式教学"的学习方法不同于传统的教授与学习的方法，在探索"体验式教学"的过程中，可以尝试通过实训课程、实验课程、网络课程、校企合作等诸多途径来完成教学目标，最终总结出一套科学有效的教学体系。

(二) 促进"体验点"的创新，建立长效运作机制

"体验式教学"可持续发展的内在动力源自于不断地创新，现阶段实践操作中，较多的形式就是案例教学与研讨式教学。案例教学是最容易着手的教学范式，教师通过引入相关案例引导学生思考，然后讲解相关的知识点。研讨式教学则通过将课堂时间留给学生，事先留下相关的论题，由小组进行讨论并展示研讨结果，最后由教师进行点评的形式。而体验式教学显然不仅仅是需要结合案例和研讨，更应该融合其他的手段和方式，综合利用社

会力量来联合培养法治人才。例如推进"理论讲授 + X"的体验式教学范式，"X"的环节可以是不同的形式，比如可以选择演讲、辩论、案例研讨、专题讨论、角色扮演、实践调查、课外实践等，对于创新环节还应该合理分配学时，不能忽略"理论"的基础地位，给予其适当的时间以保证不占据理论课时。在课程设置上，可以尝试设置体验式系列课程，例如《商务谈判》《律师事务》《模拟法庭》《调解技能与实践》等实训课程。

2013年教育部联合中央政法委等部门出台"双千计划"，2018年教育部印发《关于加快建设高水平本科教育全面提高人才培养能力的意见》促进法律实务专家参与法律人才培养机制。部分高校也尝试开展法律精英进校园活动，由实务部门的法官、检察官、律师等法律精英进入课堂，与学生交流对话，但由于《法官法》《检察官法》规定的限制，关于酬劳和上课形式等的规定较为模糊，因此这种形式很难实现。但是推进实务部门与高校合作一直是法学人才培养的重要途径，建立法学院校与实务部门的双向交流机制，选聘实务部门专家到高校任教，选聘高校法学骨干教师到法治实务部门挂职锻炼。建立院校与实务部门的长效运作机制，从"人""财"方面着手，提高教师创新的积极性。

（三）建构系统的体验式教学方法、理论

任何实践不能只依靠单一的理论，而是需要多学科的理论。基础理论非常重要，我们不仅需要实践教学，同时需要扎实的理论教学，二者并驾齐驱。实践最终需要上升到理论层面，而理论最终指导实践。将体验式教学方法进行总结，能够让更多高校吸收并运用体验式教学范式。首先是实训教材，开展实训课程需要的教材应当由专门的骨干教师团队进行编写。例如《刑事法律实训教材》《法律职业道德实训》《民法学实训课程》等。校内专业的骨干教师针对本专业的教学内容和教学方法进行设计，将教材与实训课程衔接。在没有教材的情况下，高校应当根据自己的教学现状选择相应的教材。其次对于"体验式教学"的理论研究要继续深入，不能浅尝辄止，应当鼓励高校师生继续践行体验式

教学，根据实践经验，总结体验式教学的优缺点，不断优化教学方式。鼓励师生把在"体验式教学"过程中获得的经验进行反思和总结，最终形成专业性文章。目前国内的体验式教学研究大多零散，缺乏更多从课堂上和实训中得来的经验和反馈，不够集中和深入。应当总结现有的教学方法，将目前投入实践操作的"体验式教学"方式进行汇总编纂，例如课堂层面，对包括实训教材、相关著作、经典案例等文字性文件进行分类归档；最后是教学体系的建立，"体验式人才"培养模式不外乎两个角度，一个角度是课堂，包括理论课堂与实训课堂。在课堂教学体系中，人才培养方案、教学形式、考试方案、实务精英进课堂、旁听审判等环节，且应当根据年级阶段，科学合理安排实训课时。另一个角度是"体验式平台"的体系建设，最后的体验式教学通过平台来完成。平台建设包括实务精英进校园、法律职业能力竞赛、模拟法庭、深度实习、旁听审判等环节。通过建立课堂内和课堂外的教学体系，实时观察学生的学习状态和心理变化，消除障碍，及时调整细节，最终形成可以推广的科学"体验式教学"方法体系。

（四）建立体验式教学评价交流机制

学生的评价与反馈是"体验式教学"的一面镜子，教师及时了解学生情况才能促进学生对体验式教学过程的适应。教师要及时引导学生的好奇心，培养学生的学习能力，在践行体验式教学的过程中，以及课程结束时，要及时听取学生的反馈。对于探索体验式教学过程中遇到的问题，可从心理层面予以疏通，建立双向交流渠道。首先是学生心理层面遇到的障碍，包括面临的就业压力、自我能力质疑等困惑，在教学实践中首先要引导树立正确的价值观，制定学习规划；在课堂后，收集学生的反馈，整理学生建议，掌握其心理反应；关于"实践"，可以提前让学生进入实习阶段，给予学生充足的考研与择业时间。高校应当建立起实习单位与高校的合作，但留给学生一定的自由选择权。带薪实习能给予学生锻炼机会，同时为进入社会作经济铺垫，但在学生自主选择实习单位时，应当严格把控实习的真实性，严格审核实习证明，防止蒙混过关行为的出现。

从教师角度，建立课后评估体系，根据学生课堂发言次数、发言质量、资料复习、书面报告等进行评估。从学生对知识的基本概念、发现与解决问题的能力、思考能力方面建立考核机制。[1]教师应当明确自身在教学中的角色，发挥自身的积极性，在课堂、课外及时给予学生思维引导，及时关注学生在学习过程中的行为与心理变化，建立教学记录册，将"体验式教学"细节操作中遇见的问题与障碍进行总结，最后反馈至教学体系中来。

总而言之，要深入研究"体验式教学"范式，还需要各个教学主体的共同探索。其中应当注意学生的"中心"地位，以"学"为最终目标。因此，要从形式和实质层面予以保障，消除学生在学习中的焦虑心理，针对目前"体验式教学"的瓶颈，明确我国精英法治人才培养目标，根据校内教学情况促进"体验点"的创新，建立长效运作机制，从"人才""财务"方面予以保障。推进实务精英进入校园，促进高校与实务部门的合作，充分利用社会资源共同提高法律人才培养质量。此外，建立系统的"体验式教学"方法、理论是当务之急，避免学生成为"试验品"，推进较为成熟的系统教学方法。最后，必须重视学生对"体验式教学"的心理反应和课程反馈，根据学生的状态，及时进行调整，最终达到二者的适应与契合。

---

〔1〕　许身健：《实践性法学教育原理与实践探索》，载《2012亚太诊所法律教育论坛暨中国诊所法律教育年会论文集》，第202页。

慕课视域下高校法学教师的角色转型路径[*]

◎赵 吟[**]

摘 要：在互联网信息化时代，高校法学教师应当加强对慕课等现代、高效、便捷的教学手段的认识，努力提高包括信息化教学能力在内的综合素养，进行全方位的角色转型。具体路径包括转变陈旧教学理念；借鉴构建主义教学方式；提升综合教学能力；设计科学考核评价指标体系；以教师教学发展中心为依托协同发展。

关键词：慕课 高校教师 法学 信息化 角色转型

2018 年 2 月 11 日，教育部等五部门颁布《教师教育振兴行动计划（2018—2022 年）》，推动实施教师教育在线开放课程建设计划，遴选认定 200 门教师教育国家精品在线开放课程，推动在线开放课程广泛应用共

---

* 基金项目：西南政法大学 2017 年度高等教育教学改革研究项目"'慕课'视域下法学教师角色转型路径研究"（项目编号：2017C03）。

** 赵吟，西南政法大学民商法学院副教授，法学博士，人工智能法律研究院金融科技法律研究中心主任，主要研究方向为商法学。感谢王菲、全灵之、马汉祥三位硕士研究生在资料搜集、调研、数据统计方面为本课题付出的辛勤工作。

享。"慕课"作为全球最大型的在线开放学习平台，自然是国家落实计划的重点对象，同时也是高校教师角色转型的平台渠道。线上教学的优势在于：宣传推广及招生不限范围和区域，教学地点和时间灵活，师资来源广泛，节约场地，品牌依赖度低。而线下教学的优势在于：细分化市场，针对性极强，情感互动强，风险低，竞争力相对较低。事实证明，线上教学与线下教学相结合，可使两者优势发挥到最大，同时用对方的优势弥补自己的不足，进而打造教学类的全学习链应用场景。本文的研究对象是高校法学教师在慕课背景下的角色转型问题，旨在及时追踪法学教师发展新趋势，助推我国法学教师时代化、国家化发展，通过系统梳理慕课背景下法学教师教育教学面临的各类挑战，为法学教师的发展开拓新的模式和路径，同时为加强法学教师自身建设提供智力支持，助力法学教育模式改革、优化教学方法、提升教育质量。

一、实证调查情况统计分析

为充分了解当前高校法学教师对利用互联网进行教学及信息时代角色定位、发展模式和路径等问题的认识，课题组在前期大量相关文献收集和梳理的基础上，设计出主体框架涵盖教学理念、教学方式、教学能力、教学评价和教师发展模式五大部分内容的调查问卷，并对来自北京大学、清华大学、浙江大学、复旦大学、厦门大学、中山大学、西南大学、中国政法大学、西南政法大学、华东政法大学、中南财经政法大学、西北政法大学等二十余所高等院校的近两百名法学教师进行了调研，最终形成有效调查问卷 175 份。所涉法学教师的授课类别包括法学理论、法律史、宪法学与行政法学、刑法学、民商法学、诉讼法学、经济法学、环境与资源保护法学、国际法学和军事法学。其中占比较高的为民商法学、法学理论和刑法学，分别为 27.43%、18.86% 和 12.57%。法学教师所任职的高校为政法院校和综合类院校，两者的比例相近，分别为 52% 和 48%。

（一）慕课基本信息知悉情况分析

关于对慕课的基本认识，超过一半的高校法学教师不仅听说过慕课，而且对其非常了解，但仍有超过 1/3 的法学教师仅仅是听说过，对慕课的实际内容知之甚少，甚至超过 13% 的教师未听说过慕课为何物。同时，即便是有超过一半的高校法学教师对慕课有所涉及，但其在使用慕课方面却差强人意，仅仅只有 7.43% 的教师在自身的教学过程中经常使用慕课，与此同时，从不使用慕课的教师比例为 53.14%，可见慕课的利用率较低。虽然教师对慕课进行研究和学习，但落实到教学中的推进程度仍然较差，这些从侧面反映出高校法学教师对信息化教学应用仍然有所不足，应当引起高校及法学教师群体的重视。

在对慕课的具体了解方面，绝大多数的高校法学教师均认同慕课具有课程选择丰富性、时间地点灵活性、教学方式新颖性和资源共享性的优点，其中共享性的认同程度最高，这也契合慕课本身的技术性特点。而对于慕课存在缺点的列举却认知不一，其中最为突出的是慕课的约束力较弱，占比为 49.71%；其他的诸如课程普及度低、实际种类少、师生互动同步性不足、课程需支付费用以及内容缺乏连贯性的缺点占比则较为平衡，均未有突破 50% 的选项。在比较慕课与传统课堂的区别方面，绝大多数法学教师认为教学方式的转变最为重要，占比为 73.71%，第二是教学理念的转变，占比为 54.29%，第三是教师发展模式的转变，占比达到 47.43%，其余的包括教学评价的转变和教学能力的转变。

在明晰慕课的基本情况后，教学目标何在以及如何达成就成为前置性问题。有 65.14% 的高校法学教师认为慕课教学的主要目标在于增强学生的自主学习性，剩余的目标包括提高专业知识和能力、开拓国际视野和意识、学习国外先进教学理念和拓宽受教育群体等，从中显现出一个潜在的矛盾之处，即教师群体普遍认为慕课教学的最大缺点是约束力较弱，但又秉持着通过慕课教学来增强学生自主学习性的价值目标，慕课自身的技术性局限如何与教学期望相衔接融合，是值得研究和深思的突破口。

（二）法学教师角色相关认知情况分析

在教学理念方面，高校法学教师认为慕课教学中最应具备的思维是主动引导、参与学习的思维，占比为 62.86%，其余的如以学生为中心的思维、积极反思、教学研究的思维、综合开放性教学思维均获得了 40% 以上的选择率，只有精细化数据分析思维的选择率为 30.86%，这可能是有的教师基于技术性统计分析复杂和难以掌握的特点考虑的结果。

在教学方式方面，高校法学教师调动学生积极性的微观途径有提供根据学生兴趣爱好和个性途径多层次的课程，采用学生易于理解和接受的方式设计教学方案，引导学生利用课程网站、论坛、学习小组等交流平台和以专题项目或案例等形式开展教学，这些途径的采纳比率均为 40% 以上，且各自比率都相差不大。在课程选择方面，教师偏向于认为公共基础课和任选课更适宜采用慕课方式教学，两者占比分别为 62.29% 和 45.71%，最后两种课程分别为法学专业基础课和专业课，这在一定程度上表明高校法学教师对专业性程度越高的课程，越排斥慕课教学方式的采用，反映出其深层次的不信任感和忧虑感。在教学模式方面，完全线上的模式认同度最低，而翻转课堂这种线上线下结合度恰当的模式选择率最高，为 46.86%（翻转课堂模式是指由学生进行线上自主学习，然后是课堂辅导、讨论或作业，最后的考核方式为线上或线下考试）；高校法学教师针对慕课时长的倾向选择依次为 10~20 分钟、20~30 分钟和 30~40 分钟，少于 10 分钟和 40 分钟以上的时长在设计上容易造成阐述问题不清和过于冗长的情况。

在教学能力方面，信息应用能力和知识切分及重构能力占据前两位，分别有 64% 和 62.29% 的比例认为其是在慕课背景下高校法学教师必不可少的教学能力，其余诸如学习能力、创新能力、团队合作能力、良好的沟通与交流能力、对知识的反馈与处理能力、互动组织能力和时间管理能力的占比大致均衡。具体到信息化教学能力，其中认可度最高的是增强信息收集与处理能力，占比为 73.71%，而如何提高信息化教学能力主要来源于增强自主学习能力、接受教学培训和积极与同事合作沟通（占比分别为 68%、61.71% 和 50.86%）；其次是如何提高学习能力，做"学习型教师"，主要依托于教学与教研有效结合，确保知识与时俱进；充分利用各种交流平台和途径，形成良好的学术氛围；加强知识储备，综合学习心理学、教育学等各类专业知识以及突破固化思维，勇于接受新事物（占比分别为 62.29%、61.14%、60.57%、46.86%）。

在教学评价方面，高校法学教师认为以课程内容与课程效果相结合的教学评价体系和以学生评价为核心的多元化主体教学评价体系更有利于建立科学有效的教学考核评价体系，两者占比分别为 61.71% 和 53.14%，其他的包括定性考核与定量考核相结合的教学评价体系和理论与实践相结合、知行合一的教学评价体系，当然这些教学评价体系仅仅是宏观角度的建构，微观层面的探讨暂不涉及。针对教学评价考核结果的公开与否，有超过 80% 的教师认为应当公开，其中支持匿名公开的比例为 56%，这兼顾了教学效果的激励作用和教师个人隐私的保护。

在教师发展模式方面，高校教师发展组织机构的出现为高校法学教师提供了多层次的服务，涵盖了关注教师职业发展，指导教师开展职业培训；引导教师进行互助合作，形成学术共同体，创新科研成果；提供专业化的信息技术培训和业务技能培训；关注法学教育前沿，为法学教师提供教学咨询服务以及为法学教师运用现代化教育技术提供条件与帮助等。其中教师们最为渴望的是该组织能够提供专业化信息技术培训和业务技能培训（占比为 61.71%），可见技术层面应用的需求是最为迫切的。至于如何建设高校教师发展组织机构以便为高校法学教师提供专业化与多样化的服务，教师们认为最为有效的措施是制定合理的激励机制，促进教研协调（占比为 65.71%）；其次为创新服务方式与内容，提升吸引力（占比为 55.43%）；再次为组建专业团队，确保服务质量（占比为46.29%）；最后是独立建制，明确高校教师发展组织机构的定位（占比为40.57%）和完善工作成效监督机制（占比为30.29%）。综合考察得出高校法学教师在慕课教学过程中的三大困扰是学生自主性难以保证（占比为59.43%）、课程制作复杂（占比为45.71%）、信息技术操作困难（占比为44.57%），其他的困扰还包括缺乏团队协作、网络不流畅、师生交流不及时和课程测试效果差等。

通过调研结果分析可见，在互联网信息化时代，高校法学教师应当加强对慕课等现代、高效、便捷的教学手段的认识，努力提高包括信息化教学能力在内的综合素养，进行全方位的角色转型，才能更好地适应现代教育教学发展趋势所提出的新要求。

二、高校法学教师教学理念的转变
（一）从被动参与到主动学习

对于高校法学教师而言，面对慕课这种新型的教学模式，与其被动应对，不如主动迎接。教师应以主动学习者的身份参与这场在线教育改革，积极主动将自己纳入到慕课平台的研习中，促使自身教学能力的多元化提升，且明晰自身的优势和特点，在掌握学习者的具体目标和要求的情况下，形成有强力竞争优势的特色教学，这不仅仅是时代所赋予教师群体的使命，也是教学改革自主性和觉醒性的显现。[1]通过逐步推进和深化，教师群体最终所须达到的目标是终身学习，特别是在知识爆炸的网络时代，知识不再是一成不变的，而是随时随地都可能改头换面。信息技术的发展和广泛应用使得学生的知识来源不再单一地源自于自己的老师，而是通过多种途径获取和吸收，换言之，教师相对于学生的信息优势已经大幅度减弱。在这样迫切的情形下，教师对自身知识的完善和提升应时刻保持危机感，进行知识资源的持续化更新，甚至不仅仅是关注本学科、本专业的知识，还要进一步掌握

---

〔1〕　同勤学：《"慕课"对高校教师带来的机遇与挑战》，载《教育现代化》2017年第39期。

与本学科、本专业相关的交叉领域以及实践层面的最新知识，通过动态化的学习，形成深层次、宽领域、前沿性的知识积累，才能更妥当和便捷地为学生传播知识、教授技能和解答疑惑。

（二）从教授主导到创造引导

引导性思维将教师视为知识海洋中的导航者，其较之此前的主导地位而言，强势性和领导性显著减弱。该种教学理念的形成首先需要教师对慕课课程了然于心，因为这不仅关系到知识的教授，根本上的目标是为学生提供适合自身特点的专业性课程，调动学生对课程知识的兴趣，从而推动课堂顺利有效地展开，也就是教师发挥了教学资源的创造和传播作用。在具体的教学过程中，制作慕课课程所需的知识储备较大，出于确保教学资源内容的真实准确和科学合理的考虑，教师对教学要求的恰当设置和教学形式的丰富完善，需要依托于学生个性化目标的确定。同时教师要引导学生利用诸如课程学习小组、论坛等多种交流平台，通过互相的交流和帮助先行解决课前自主学习中所遇到的疑难问题，逐步拓展自身的自主学习能力和团队合作技能，在交互式的课程交流中培养兴趣。

（三）从单打独斗到合作共享

教学理念的主导性思维可体现为综合开放性教学思维，即以包容融合的心态积极应对慕课教学的冲击。应对之策要从构建高校法学教师共同体入手，将教学理念由单打独斗转变为合作共享，实现多层次互联互通。伴随着新型技术的推动，大数据时代的来临加深了社会分工和专业化协作的程度。社会主体在集成知识生产、传递和消费链条的诸多环节都发挥了积极作用，传统教学领域中的分散化小规模和封闭式的单人作战已经难以适应技术时代的环境。[1] 互联网的便捷性不仅仅冲破了时间和空间的界限，而且也打破了不同专业知识领域的边界，使得学生可以在不同的地区、学校和不同的时间参与学习。教学内容不是由教师作

---

〔1〕 张蕾蕾：《"慕课冲击"与大学教学模式改革》，载《当代教育科学》2016 年第 9 期。

为最终的决定者，而是由学生来进行自主化选择，但这种方式难以完全避免慕课教学的弊端，即学生自主性难以实现、教学效果不显著。而团队协作化的教师群体可引导学习者进行知识内容的创造，摆脱基础阶段的知识框架而丰富内在具体的内容。[1]随着交流和探讨的深入，教学内容的逐步创新和知识体系的日渐丰富都需要教师建立课程组参与到教学和引导管理互动中来。只有充分发挥集体协作的力量，才能实现教学内容和教学效果的不断创新和深化。

（四）从教学管理到研究反思

当然，面对慕课，教师不应仅仅是一味接受而不加以辨别反思，这种辨别反思包括对慕课的实际情况和对高校教师自身的反思，即教学理念从"教学管理"转变为"研究反思"。可以说，这是教学理念情感倾向的转变，不是一味地排斥和反对，而是立足于对慕课现状的了解反思自身。为了摆脱当前教学瓶颈的束缚，高校法学教师应明确慕课并未从本质上动摇传统的高校教学模式，在现有的技术条件和社会背景下，绝大多数的高校学生知识的获取仍然依托于高校教师的课堂传授，即使慕课对高校教师的教学产生了一定的影响，但这种影响在研究和反思的过程中可转化为教育质量提高的新型途径。另外，通过对慕课所提供资源的反思吸收，可汲取大量有助于强化教学效果的优质资源。[2]这种反思需要以积极的心态转变旧有的教学思想，在实践活动中融入研究的心态，将科研与教学相并重，以研究者的角色应对教学实践的改进。具体操作上，研究应落脚于慕课设计、有效教学、激发兴趣、学习养成等不同阶段，通过阶段性的跟踪反馈，及时调整和优化自身的不足，以切实保证教学质量的稳步提升。[3]

---

〔1〕 杨霖：《慕课背景下高校教学改革的挑战及应对》，载《吉首大学学报（自然科学版）》2016年第6期。

〔2〕 曹明平、毛光周：《高校应对慕课挑战的策略——从高校教师、学生、教学管理者的视角论述》，载《中国高等医学教育》2017年第8期。

〔3〕 王慧：《论"慕课"时代的教师角色定位》，载《人才资源开发》2015年第22期。

（五）从粗略应对到技术依靠

虽然高校法学教师大多缺乏理工类的知识教育背景，从而难免对慕课这种与计算机等理工类学科紧密结合的事物产生畏难心理，正如调研结果显示，教师对精细化数据分析思维的认同度是最低的，然而迎难而上和持续性学习才是正确的应对方法。高校法学教师要培养注重时效性的教学理念。首要的是明确教学环节，按照问题引入、基础知识讲解、疑难互动、课堂测评、效果评估、总结提炼等多个环节合理选择配套的教学资源和教学内容。在时长的选择上，将视频课程以微课程的样式进行细致的切分，每个视频的时长控制在 20 ~ 30 分钟，有人反映单个知识点的课程视频时长可以限定为 10 ~ 20 分钟。单门课程的微视频应当按照一定的逻辑主线排序，注意课程之间的关联性。同时，在大数据和人工智能的背景下，掌握数据和发挥其价值是完善个性化教学的基础。通过对数据的考察，教师教学环节中可依据个人的兴趣爱好和实际需求推送相应的慕课教学资源以及具体优化的教学方式和方案，使微观层面的个体学习更具针对性和契合性。另外，这种做法还为现行的学术思维提供量化、互动和跨界等多重性可能，有助于师生之间有效性沟通的形成和最终落实。这种情境下的课程是动态开放性的，课程运营方式不再是简单的线性化模式。[1]

三、高校法学教师教学方式的革新

（一）探索混合式教学

在问卷调查中，翻转课堂式的慕课模式得到了最大的推崇，这是混合式教学的实际操作途径。混合式教学模式包括观看在线视频的线上自主学习环节，课堂上师生讨论、分享和教师辅导的线下教学环节以及线上或线下考核环节，是课内外相结合的教学

---

〔1〕 冯永华、刘志军：《慕课开发的问题、成因及改进路径——基于开设慕课的高校教师调查》，载《现代远程教育研究》2016 年第 6 期。

过程。[1]这种方式结合学生自身的特点，关注学生个体差异，有助于提高学生的主动参与度。对此，高校法学教师需要了解和掌握信息技术与教学过程的具体融合和基础应用，并结合我国特殊的国情和自身所处高校的特色探求新型的混合教学形式。具体的操作步骤在教学目标方面，应从注重学生的文化知识，转变为更加注重创造性和自主性学习能力；在教学手段方面，重视如电脑、移动手机等信息网络化教学工具的作用，重视在线教学的效果，进一步开展小组学习；在教学内容方面，强调项目模块整合化教学，剔除重复性机械化教学，强调研讨开放性授课，重视线上教学的积极作用，合理规划编排新型的课程内容；在教学考核方面，探索新型的考核方式，比如以在线课程小节式测评、互动交流积分、实时性回答反馈等辅助性评价标准，并设置相应的测评比例，同时还可设计在线答题库等线上知识检验考核系统，以便学生自我学习和评价。[2]

（二）探索个性式教学

个性式教学包含教师和学生两个层面。教师层面，个人风格化的教学方式是每个教师区别于其他教师的独特之处，也是发挥自身人格魅力和实现教学效果的有利因素。教师应结合自身的性格特点和教学习惯，积极主动学习探索受教群体、教学内容和人际交流规律，逐步形成独具自身特色的个性化教学风格，并在教学过程中根据实际情形逐步调整改善。这不是完全脱离教学内容的个人思想展现，而是形成紧密联系教学内容、教学对象和教学环境的教学风格。学生层面，教师群体可以运用数字资源作为教学的支撑，在信息技术的帮助下设计教学内容和教学环节，并且运用大数据、互联网技术，追踪慕课平台上所有学习者的学习路径和学习痕迹，形成海量的过程相关信息。针对法学主观题较多

---

〔1〕　贺晓梅、欧阳群：《"慕课"背景下高校教师角色的转换》，载《职业教育（下旬刊）》2015 年第 11 期。

〔2〕　姜波等：《"慕课"视角下高校教师发展机遇与应对》，载《常州大学学报（社会科学版）》2015 年第 3 期。

的特殊情形，甚至可以采用人工智能技术批改有关试题。[1]通过学习人数、学习成绩、学习时间等多个指标的综合分析，教师可以为学习者构建学习模型，优化整体和个体的学习方式和效果，分析过去和预测未来学生的知识能力状态、可能性障碍与不足以及可行性解决方案等，以便为学生提供合乎规律和逻辑的个性化学习规划和建议。[2]

（三）探索多层式教学

多层次教学方式的主体是以学生为主的学习者，要求教师根据学生知识和能力的程度设计不同的知识点。自身知识和能力较为薄弱的学生，可以先观看和学习公共基础课和法学基础理论课。而基础比较强的学生，则适合难度较大的专业性和综合性课程。这种分配和设计不是一成不变的，而是随着学习的推进和学生的成长加以转变，如先前能力较强的学生可以进一步开展自我创新的学习和课程创造。这种层次分明的教学方式，使学习计划和学习目标明确具体，大大减少学生学习压力和障碍，各个学习阶段的重难点、易错点等都能顺利解决。当然这种教学方式的开展离不开教学组织和教学结构的合理设计，需要提高教师对知识层次的掌握程度。教师对知识的理解要达到化繁为简、融会贯通的程度，并基于此对知识进行逻辑性、系统性的梳理，构建新型的知识框架和逻辑思维。同时，为活跃课堂所需，教师可将辩论式、庭审式、参与式等多种新型的教学方法引入课堂教学，最终形成开放式的氛围。[3]这种模式不是传统封闭且小课堂形式的教学，而是具有一定程度上大课堂性质的教学，引导学生充分把握课外时间随时随地学习。

---

〔1〕 朱圆、陈月琴：《法学慕课的社会价值与发展路径》，载《福建行政学院学报》2018 年第 2 期。

〔2〕 李晶：《慕课背景下教师角色转变策略研究》，载《教育理论与实践》2016 年第 19 期。

〔3〕 王玉、张涛：《"慕课"对大学教育教学模式创新的启示》，载《中小企业管理与科技》2017 年第 9 期。

（四）探索协作式教学

互联网突破了时空的界限，拓宽了受教育的群体，使个体户式的教师工作坊难以继续下去。大量的学习者进行在线提问、在线测评、在线交流和课程评价等，学习者的需求急剧增加。慕课教学需要大量教师组成协作的团队进行分工，以便共同解决辅导解答、系统维护、作业反馈、交流宣传、知识讲授、课程制作等多方面的问题，同时为多种类型的学习中提供多样化的学习模板和方式等。因此，高校法学教师对慕课教学资源的利用，应秉持互联互通的理念，在本专业其他教师、本校其他学科的教师、其他学校的教师之间构建交流共享的常态机制，积极开展学习和探讨活动，融合吸收各种高质量的教学资源和丰富的教学经验为己所用，达到兼收并蓄的良好效果。[1]具体而言，高校法学教师首要的任务是提高寻求合作的主动性，构建所教授课程的团体队伍。由于慕课资源自身技术属性所限，其开发路径往往存在不同程度的困难且兼具繁琐性、技术要求高的特点，教师之间的合作不应局限于本学科团队的合作，而应在多团队的协作下建构慕课教学资源。此外，团队化的组织和本土资源的利用，要紧密联系主体理念和教学方法，实现独具特色的本土资源创作，为学生提供个性化的学习指导服务。[2]

（五）探索精细式教学

技术依靠的教学理念意味着教学方式需通过利用数据分析实现精细化。精细化教学方式的技术载体为互联网，通过互联网将多层次的社交资源、在线资料等串联起来，提升了教学环节的科学有效性和交互性。这种技术性的优势不容忽略，云计算技术、互联网技术、大数据分析和学习特性分析方法支撑着慕课在线教

---

〔1〕　刘刚、李佳、梁晗：《"互联网＋"时代高校教学创新的思考与对策》，载《中国高教研究》2017 年第 2 期。

〔2〕　吴丽莉：《高校教学理念的再造：基于"慕课"与大数据时代的思考》，载《中国成人教育》2016 年第 9 期。

学的发展。[1]针对教学内容而言，精细化意味着对知识点的拆分切割以提高学习的效率。如对视频等音讯资料可进行多媒体技术处理，将知识点进行微缩以减少课时。借此，学生的学习效率可以有所提高，同时也减少了学习时间，还可以依据自身的学习情况对相应范围的知识点进行多次学习，避免重复冗杂的学习。[2]另外，精细化的教学方式将整节的课程学习转化为多个小节的内容，同时不仅仅依靠教师的幻灯片和板书，而是结合图片、音频、视频等多元化展示形式，生动地进行知识讲解。教学方式的丰富也促进了教学时间、教学地点、教学背景、教学进度等多方面的自主选择性。作为高校教师应时刻关注、学习、吸收和利用这些新型技术，从而精细化掌握学生学习的各个阶段，了解学生个体学习的障碍和缺陷，根据精细化数据分析的结果为个体学习者提供有针对性的学习方案，且能够适应学习的环境和条件，以得到最终的有效贯彻落实。[3]

四、高校法学教师教学能力的提升

（一）培养信息应用能力

大数据时代最突出的特征，无疑是使人获取信息的来源与途径更广泛，人们可以从海量的信息中各取所需，挖掘信息的关联性，从而最大化信息的潜在价值。这对高校法学教师在信息敏感性、辨识性方面的素养提出了更高的标准，要求培养并发展其具备一种捕捉、筛选、转换和利用信息并改变固有信息环境的能力。当前，互联网的盛行正在经历着技术层面的革命，人工智能已经上升至国家战略高度，国家政策利好频出。2017 年 12 月 3 日，第四届世界互联网大会发起的《"一带一路"数字经济国际

---

〔1〕 辛永涛：《慕课（MOOC）视野下高校教学改革初探》，载《教师》2014 年第 11 期。

〔2〕 王绘娟：《论"互联网＋教育"背景下高校教学模式的改革》，载《当代教育实践与教学研究》2016 年第 9 期。

〔3〕 孙英隽：《"慕课"背景下高校教学模式的新问题探讨》，载《上海理工大学学报（社会科学版）》2015 年第 3 期。

合作倡议》号召促进数字技术在学校教育及非正式教育中的使用，推动实现学校宽带接入并具有网络教学环境，使得越来越多的学生可以利用数字化工具和资源进行学习。尽管学者们对于信息应用能力的内涵各执一词，但是归纳来看主要体现在两个方面：一是了解和熟悉各种信息源，掌握信息产生和运输的各类渠道；二是掌握多种检索和获取信息的技能。其中具体包括信息技术和课程整合能力、信息技术工具使用能力以及网络资源应用与开发能力。法学教师是否能很好地把握视频内容，其表达方式的新颖性、清晰度以及视频是否适合学生观看等，都将直接影响信息接收者对于课程种类以及学习时间长短的选择。这就要求法学教师能够应用慕课开发工具制作课程资料或者开展辅助教学，能够掌握必要的视频拍摄、录制、剪辑、合并等技术，并运用此类技术制作出高质量的课件，在慕课平台发布优质的课程，实现技术与学术的完美结合。[1]

（二）培养学习创新能力

学习能力是成长的加速度，面对不断更新的法律规定和层出不穷的各类案件，高校法学教师只有不断提升自身学习能力，才能不被时代淘汰。实践中，虽然高校法学教师队伍的博士学位比例逐年增加，但知识结构与教学水平的现状仍不容乐观。法学教师往往专注于本专业的研究，甚至仅对个别学科方向有研究，欠缺跨专业、跨学科的知识储备和方法贯通，尤其是对与法学教育紧密联系的教育学、心理学知识知之甚少。并且许多教师形成职业定式，缺乏进取心和创新意识。为此，高校法学教师应当顺应信息技术潮流的发展，努力提升学习能力，既要有较强的自学能力，又要有较强的教育科研能力。当然，更为重要的是树立创新精神，将内在的学习能力通过外在的创新行动加以彰显，同时融会贯通相关学科的知识和方法。具体途径可以通过网络资源、会议交流、专家讲座等多种形式主动进行学习，广泛涉猎教育学、

〔1〕 曹秀平：《慕课背景下高校教学存在的问题及应对策略》，载《中国成人教育》2016 年第 14 期。

心理学、人文艺术、信息技术等自然科学和社会科学的知识，还可以通过参加岗前培训、学术报告会、项目交流会、在职攻读硕博学位、访学研修等各类平台和实践提升学习能力。教师个人可以从理论与实务两个方面不断总结直接经验、吸取间接经验，同时不同年龄和不同学科背景的教师群体也可以积极参与教师平台互动，进行知识共享、思想交流、协同创新。

（三）培养团队合作能力

开放式学习需要教师通过开放式合作加以支持。由于受到工作量、科研成果等方面考核的约束，高校法学教师普遍习惯于单兵作战，团队合作面临着研究方向不同、排名先后、荣誉分享、奖励分配等方面的困扰，不受法学教师的青睐。然而，在慕课背景下，法学教师仅凭一人之力无法应对众多学生在不同时间提出的不同需求，故需要教师之间、教师与助理之间、教师与学生之间的各层面合作。法学教师应该具备主动的合作意识，与其他教师建立合作与信任的关系，在和他人的合作交流中进行批判性互动，相互学习，功能互补，进而提高总体教育质量和教学水平。[1]一方面，通过群体协作，教师突破自身局限，吸取集体智慧。另一方面，通过相互交换意见，教师思维得以碰撞，点燃持续学习的热情，避免职业倦怠。[2]在合作过程中，教师要注意区分长期合作和短期合作，合理分配相关利益，通过相对固定的合作模式提高工作效率，并最大限度地展示多人合力的教学效果。如此一来，教师将有相对充裕的时间与学生进行有效沟通，听取学生的想法并转换为有价值的信息，而且能与学生进行密切合作、共同协商，实现"点对点"式的教书育人。

（四）培养管理反馈能力

慕课这种新颖而独特的教学方式，使得教师对于学生的问题

---

[1] 李晓东：《"慕课"对高校教师教学能力的挑战与对策》，载《南京理工大学学报（社会科学版）》2014 年第 2 期。

[2] 康小红：《"慕课"热潮下高校教师的角色转变与挑战》，载《中国成人教育》2016 年第 14 期。

处理能力相较于传统教学来说更为科学、有效。教师处理学生反馈信息的方式主要有两种：一种是以在线提问的形式随时对学生所遇到的问题在网络平台上进行解答；另一种是以见面会的形式对课程学习中遇到的问题进行解答。这些均会消耗教师的大量时间，需要教师提高管理时间的能力。一是要严格遵守时间计划，通过自我约束的方式迫使自己按既定方案办事，避免惰性驱使；二是要明确自己拥有的时间，尽可能提高整段时间的利用率，并合理安排零散时间的使用。如果利用慕课进行教学，法学教师应在保证课程完整性的前提下，尽可能地缩短每一门课的时间，精简相关内容，突出重要知识点，以保证使用者获得具有较高时间性价比的完整学习经验。[1]

五、高校法学教师考核评价的优化

（一）注重道德政治文化考量

2018 年 1 月 20 日，中共中央、国务院发布《关于全面深化新时代教师队伍建设改革的意见》指出，要深入推进高等学校教师考核评价制度改革，突出教育教学业绩和师德考核。高校教师承担着塑造灵魂、塑造生命、塑造人的工作，法学教师则因法律本身来自道德的升华和凝练而担负着更加深刻的道德教育责任。在慕课开放性、共享性的特征下，法学教师面临有史以来最大数量学生的倾听与效仿，更需要注重自身的言行示范，寓德行教育于行为表现之中，让学生能够切身感受到法律与道德的互动关系。故任何偏离主流价值观念、具有偏激性等品德瑕疵，都应当作为教师评价的减分项，并要充分发挥名师的道德示范、辐射和引领作用。同时，慕课使全球法学教育资源共享，对培养具有国际视野、通晓国际规则、能够参与国际事务和国际竞争的国际化法律人才具有重要作用。但是由于存在国家政治制度及文化的差异性，对意识形态领域将产生一定的冲击。教育本身是一种文

---

〔1〕　胡苗苗、赵志超：《慕课背景下高校教师发展机遇与应对策略》，载《教育与职业》2016 年第 18 期。

化，有其自身的目的。[1]因此，明确中国高校法学教育的根本任务，强化对法学教师政治意识、文化自信的考察，具有重要的现实意义。

（二）增加信息技术能力考量

教育信息化发展趋势下，需要增加对法学教师信息化素养的评价指标，将教师信息化素养的提高与职称评定、岗位聘任、工资晋升等工作挂钩，充分调动教师的积极主动性。法学教师应当转变传统的以教师讲授、学生被动接受为主的教学方式，主动适应信息化教学新常态，由知识灌输向问题导向转变。对此，考核评价的内容至少应当包括：是否积极利用网上教学平台进行辅助教学，将网络学习资源融入课堂教学环节，充分发挥其效用；是否熟练掌握信息技术，将其应用于微视频的制作、课堂师生互动或教学过程的其他环节，使信息技术与教学的深度融合落到实处；[2]是否充分利用信息技术开发多样化的学习资源，促进基于网络平台的数字资源整合共享，提高教学水平和质量；是否利用大数据统计、采集、分析学习者的学习痕迹，发现其学习规律与习惯，促进教学方式、课程设计等教学活动的革新。

（三）形成多元主体评价机制

基于慕课的运用，高校法学教师兼具评价者与被评价者的双重身份，应当接受来自各方的评价。一方面，由学生对教师进行评价，且占据主导评价地位。学生是教师教育教学工作最直接的承受者、感知者，其对教师的评价相对来说更能反映教学水平和教学质量的真实情况。该种对教学效果的直接信息反馈具有不可替代性，是促进教师不断自我修正和完善的重要渠道。对此，师生可以在线上线下、课内课外进行平等的交流和探讨，让学生有

---

〔1〕 李志义：《理性面对 稳妥推进开放课建设与课堂教学改革》，载《中国高等教育》2013 年第 Z3 期。
〔2〕 颜艳旭：《信息化时代地方高校教师面临的现实挑战与应对策略》，载《中国成人教育》2018 年第 2 期。

更多机会评价教师。[1]学生既可以在线上对讲授视频课程的教师进行评价，也可以在线下对课堂讲授的教师进行评价。相关的评价结果将作为教师年度工作质量考核的重要指标。另一方面，由同行专家和学院、学校领导对教师进行评价，作为考核教学水平和教学质量的辅助指标。该种评价可通过专家、领导随机抽查视频课程或现场听课来完成，也可以通过与学生的交流获知相关细节信息，对教师的各方面素养进行综合考评。根据调研结果显示，教学考评结果采用匿名公开的方式较为妥当，可以兼顾激励作用和隐私保护。

（四）健全双重标准考核体系

由于多元主体的评价总是或多或少掺杂着个人情感因素和偶然性情况，为科学评价高校法学教师教学工作，准确反映每个教师的优势与不足，考核评价的标准应当分为定性和定量两个方面。定性标准主要包括道德意识、政治意识、服务观念、创新能力、协作能力、信息应用能力等，定量标准主要包括论文、课题、奖项、经费、课堂时数、教学效果等。需要注意的是，定量标准在采用信息化教学的情况下需进行分层分类，讲授视频课程的教师所承担的工作量应按一定的系数来计算，比如1.5倍的系数甚至是2倍的系数，因为录制视频课程比现场授课耗费更长的时间，对制作PPT及提供相应学习资料的要求也相对更高。在定性标准与定量标准相结合的评价体系下，应按照不同的指标对不同主业的教师进行考核，将教师区分为现场教学为主、网络教学为主、科研为主、社会服务为主等类型。教学效果的评价要兼顾课程本身的设计、教学环节和项目的安排、学生的期末成绩等因素，分别设置不同的权重。[2]

---

〔1〕　吴全会：《慕课对于高校教师的挑战与对策探析》，载《中国成人教育》2015年第15期。

〔2〕　孙晓娟：《基于慕课的高职课程改革及教学评价的研究》，载《中国管理信息化》2016年第4期。

六、高校法学教师发展模式的创新

不论是教学理念、教学方式、教学能力还是教学评价的转变，最终构建的根本落脚点在于高校法学教师发展模式的转变。《关于"十二五"期间实施"高等学校本科教学质量与教学改革工程"的意见》以及《关于启动国家级教师教学发展示范中心建设工作的通知》等文件均提出，要建立高等学校教师教学发展中心以促进高校教师教学能力的提升，通过开展教师培训、教学咨询、教学改革、质量评价等工作建设高素质高水平的教师队伍。自 2011 年以来，伴随着国家级教师教学发展示范中心的出现，我国高校迎来建立教师教学发展机构的热潮。这种高校教师发展机构不同于传统的高校教师培训，其中理论和实践的融合、高校主管部门领导和教师的主动参与、宏观发展目标和微观实践内容的结合，均为法学教师提升综合能力以适应现代教育发展提供有力的平台支撑。

目前，尽管教师教学发展中心的名称各不相同，有诸如教学和学习提高中心、学习与教学研究中心、教师教学发展中心、教学支持中心等，但其内涵基本是一致的。教师教学发展中心的主要目的在于促进高校教师的发展以推动教学活动的深入开展和教学水平能力的提高，其组织性质是一种服务型的机构。[1]其服务目的包括教师教学发展和学生学习进步，核心仍然落脚于教师业务水平，包括教学、专业、组织和个人的发展。在宏观方面，教师教学发展中心是国家高等教育发展战略的产物，其自上而下的开展反映了国家层面对高校教育活动的影响和指导，是高校教学职能活动进一步分化的显现。在微观层面，针对新教师而言，教师教学发展中心可以为其指明教学发展方向，提供教学活动开展的必要培训和咨询帮助，同时也为科研进步提供空间，有利于逐步打造卓越型教师群体。

---

〔1〕 别敦荣、李家新：《大学教师教学发展中心的性质与功能》，载《复旦教育论坛》2014 年第 4 期。

综合国家在建设国家级教学示范中心时所提出的教师培训、教学咨询、教改研究、质量评估、教学资源、区域辐射等职能，以及我国特殊国情和将伦理道德引入师德、师风、教育文化等人伦方面的职能，高校教师教学发展机构在信息化时代能够为法学教师发展提供的服务主要包括：关注教师职业发展，指导教师开展职业规划；引导教师进行互助合作，形成学术共同体，创新科研成果；提供专业化的信息技术培训、业务技能培训；关注法学教育前沿，提供教学咨询建议，为法学教师运用现代化教育技术提供条件与帮助。具体的实践模式可包括项目培训、专题研讨、成果培育、教改指导和咨询服务。其首先应从教师自身出发，时刻跟踪和关注教师发展规划和教学需求，对教师所反映的问题进行归类整理、分析，并及时予以反馈；其次是关注学生的需求，对学生直接反映出或间接显现的问题进行与教师能力对应的转换分析，并将可行建议反馈给相关部门或教师个体；最后是建立信息反馈系统，收集整合和接纳来自各方面的监督举报等。

概言之，作为高校法学教师创新发展所依托的重要组织机构，高校教师教学发展中心应提供更为综合化的能力提升渠道和平台。在激烈的竞争中，首要的是及时应对教师知识能力不足、传播渠道扩大、创新要求和难度增强的冲击，合理界定自身的性质、定位、职能、内容、运作机制，通过专业化的教育教学服务迎接新时代新型教学模式的挑战。此外，高校教师教学发展中心更需强调教育教学技术的支持，通过信息技术的逐步完善，真正做到高效的服务与反馈，并将技术优势惠及教师群体，为其提供专业培训以促进顺应时代发展的角色转型。

《网络法学》课程定位与教学设计研究

◎商希雪[*]

摘　要： 随着我国信息化建设工作的快速推进，开设《网络法学》课程已成为全国越来越多法学院校的共识，网络法学作为学界近几年一直以来的科研热点，也逐渐在对学生的教学安排中推广与普及。《网络法学》的教学思路及其课程安排，需要从网络法学的学科定位、研究范围、实务需求三个角度进行解析。《网络法学》，作为一门法学学科与法学专业课程，与传统部门法相比较，在内容与结构上存在显著差异。《网络法学》课程对法学人才培养的时代意义为《网络法学》课程的开创及系统化安排提供了现实依据：一方面，在大数据技术背景下，将《网络法学》课程设置为法学专业课尤为必要；另一方面，从部门法学与领域法学的分类对比角度来看，《网络法学》作为法学教育必备培养方案至关重要。在《网络法学》的教学设置中，尽管目前已经在理论与实践上取得了一些进展，亦积累了一定的经验，但仍然存在一些问题亟待厘清，例如《网络法学》

---

* 商希雪，女，中国政法大学刑事司法学院讲师，法学博士。

的独立学科地位、《网络法学》与其他部门法的关系、《网络法学》的授课内容、《网络法学》的实践教学等。本文结合中国政法大学的通识选修课程《网络空间治理》的开设现状，并基于笔者自身的实际教学经验，对《网络法学》课程设置中的一些问题展开详细探讨，进而为全国各法学院校的《网络法学》课程的设计思路提供可能的借鉴和参考，以此推动与完善我国网络法学人才的专业培养体系。

关键词：《网络法学》学科定位 人才培养 教学思路

网络法学作为一门新兴法学学科，该领域尚存在诸多悬而未决的理论和实务问题，但当前网络法学的科研活动较为火热，已成为法学研究领域的热点方向。然而，作为一门法学学科，《网络法学》在法学教育培养方案中又应承担怎样的角色？以及《网络法学》本科生教学课程安排中该如何布置网络法学的专业教学活动？在网络法学发展初期，学术界面临的最核心问题是计算机技术与法学规范间的技术鸿沟，但很快网络技术的发展就表明，它所带来的对法学体系的冲击是全方位的，并且是根本性的。因此，网络法学所需要的是一种整体性的思考范式上的转变，而不是局部的被动反应式的修补。以网络犯罪为例，网络技术通过"人际空间"的延伸来直接改变人的社会属性，网络转而开始制约乃至型构人类社会的基本关系网络和组织形态，技术因素的介入迫使刑法传统观念和理论认知模式有所转变。[1]基于此，《网络法学》的本科教学思路应从两个维度出发：一是在了解信息技术的理论原理基础上，理解与掌握网络法学中的理论概念、法律适用、案例解析。二是以综合法律学科的思维，学习《网络法学》的有关内容。《网络法学》课程设置对于法学人才的培养具有极为重要的时代意义，因此，信息时代的网络法学人才培养是法学教育中极其重要的教学任务，而本科学生的网络法学课程是

---

[1] 于志刚：《网络犯罪与中国刑法应对》，载《中国社会科学》2010年第3期。

法治人才培养的基础教育安排。

法学界最先关注的网络法律问题是网络犯罪与网络安全问题，网络法学的概念近几年才逐步兴起与发展，由此，网络法作为独立立法领域和独立理论学科的理念初见雏形。随着互联网向物联网（包括工业互联网）的延伸，广义的网络法学，既包括相对传统的信息法学，又包括大数据法学、人工智能、自动驾驶、物联网、区块链、工业互联网等新型科技立法。这是因为，大数据时代，智能设备被海量数据驱动运作的同时，也在源源不断地生成数据，同时，科技设备的运行均需要网络的数据联通服务，必然需要信息技术的支持。由此，科技立法中的相关问题亦属于《网络法学》的研究范畴。

一、大数据与云计算时代网络法学人才的现实需求

（一）信息技术发展下的时代背景

当今世界，信息技术的创新制造日新月异，数字化、网络化、智能化在不断地深入发展，在推动经济社会发展、促进国家治理体系和治理能力现代化、满足人民工作生活需要方面发挥着日益重要的作用。[1] "互联网＋"模式已成为社会运转的主要方式。一方面，"互联网＋"模式已成为人们日常生活方式的主流选择，并逐步开启智能化的日常生活模式。另一方面，"互联网＋"模式的产业生态体系、新型经济商业模式作为重要驱动力量，推动着经济产业的创新发展。在 2019 年的《政府工作报告》中，李克强总理多次提到互联网、科技、人工智能、电子商务等互联网发展政策。如今，我国正处于信息化建设第三次浪潮的起始阶段，尤其是随着 5G 时代的到来、建设智慧城市的积极推进，信息社会中数字化驱动的生活与生产方式，新事物与新科技应用的产生，给传统的法律制度带来了一系列的冲击和挑战。社会制度的建设必然要跟上技术发展的脚步，当前在网络法

---

〔1〕 雷钟哲：《加快数字中国建设 找准历史新方位》，载未来网：http：//news. ifeng. com/a/20180424/57839031_0. shtml，最后访问日期：2019 年 3 月 8 日。

律制度的建设层面，我国正积极推进网络安全与信息化建设的法治探索工作。例如，目前《网络安全法》《电子商务法》已经生效实施，2018 年 9 月 7 日，正式发布的十三届全国人大常委会立法规划将《个人信息保护法》《数据安全法》分别列为第 61 个与第 62 个立法项目。[1] 2017 年 8 月，杭州互联网法院挂牌成立，2018 年 9 月，北京、广州互联网法院相继成立。由上述立法与司法举措可以看出，我国网络法学的法治体系正处于全面化的建设中。由此，《网络法学》这门学科向法学学子们敞开了一座新的知识宝库，同时，从现实就业角度来看，也同时预示着一条新的法律职业道路。法律学科的教学设置也必然需要及时跟上数字化建设的需求，因此，信息时代的网络法学人才培养是法学教育中极其重要的教学任务。

（二）我国网络信息建设国家政策的演变历程

回顾与梳理我国近年来在网络空间治理和信息技术发展上的国家政策，不仅可反映《网络法学》学科的科研发展方向，也可以清晰判断我国法学院校应该如何与时俱进地培养符合时代需求的网络法学法律人才。2014 年 2 月，习近平总书记在中央网络安全和信息化领导小组第一次会议上的讲话中，强调了网络安全与信息化的重要性，提出建设"网络强国"的论断；2015 年 12 月，习近平总书记在第二届世界互联网大会开幕式上的讲话中，阐释了"尊重网络主权""网络空间不是法外之地"等网络治理原则；2016 年 4 月，习近平总书记在网络安全和信息化工作座谈会上的讲话中，倡导了建设文明网络空间精神家园的治理宗旨，并强调了互联网核心技术的关键性，并在十八届中央政治局第三十六次集体学习时的讲话中进一步指示："网络信息技术是全球研发投入最集中、创新最活跃、应用最广泛、辐射带动作用最大的技术创新领域，是全球技术创新的竞争高地。我们要顺应这一趋势，大力发展核心技术，加强关键信息基础设施安全保障，完善网络

---

〔1〕《十三届全国人大常委会立法规划》，载中国人大网：http：//www. npc. gov. cn/npc/xinwen/2018－09/10/content_2061041. htm，最后访问日期：2019 年 3 月 19 日。

治理体系"；2017 年 12 月，习近平总书记在十九届中央政治局第二次集体学习时的讲话中强调了要切实保障国家数据安全；2017 年 12 月，习近平总书记提出了互联网趋势的最新判断，在第四届互联网大会的贺信中，习近平总书记曾指出"中国数字经济发展将进入快车道"，在 2018 年的全国网络安全和信息化工作会议上，习近平总书记再次强调："要发展数字经济，加快推动数字产业化。"[1]基于上述重要论断，分析我国近几年的信息发展策略，有助于找准历史的新方位和发现时代的新机遇。习近平总书记在致信祝贺首届数字中国建设峰会开幕时说："加快数字中国建设，就是要适应我国发展新的历史方位，全面贯彻新发展理念，以信息化培育新动能，用新动能推动新发展，以新发展创造新辉煌。"[2]因此，响应时代的强音，《网络法学》的兴起、发展与构建，有其特有的时代背景和历史意义，是传统法律体系对信息科技发展的时代回应，也是社会全面信息化背景下传统法律体系的应然转向。[3]

（三）我国网络法法学体系的建设前景

目前我国已有的网络立法体系包括基本法律、司法解释、行政性文件、条例、规则等规范性文件。例如，网络基本法包括已生效的《网络安全法》《电子商务法》和目前正在立法探讨的《个人信息保护法》《数据安全法》。然而，同国外的立法进程相比，完整的网络法律体系尚未系统化建立起来。对于数据权利、流量经济、数据服务与产品、数据产权等新生事物，尚没有严格的定性与定量标准，同时也缺乏明确的立法。立法的滞后性，一方面，显示了当前网络法学体系存在待发展空间；另一方面，也

---

〔1〕 中共中央党史和文献研究院编辑了《习近平关于总体国家安全观论述摘编》，总结了习近平总书记关于总体国家安全观的重要论述，该书共划分为四个专题，其中第二个专题第八部分重点阐述"维护网络安全"。

〔2〕 习近平：《以信息化培育新动能 用新动能推动新发展 以新发展创造新辉煌》，载《人民日报》2018 年 4 月 23 日。

〔3〕 于志刚：《中国互联网领域立法体系化建构的路径》，载《理论视野》2016 年第 5 期。

预示了从事网络法学实务工作或学术研究的广阔前景。整体而言，我国《网络法学》的学科建设方兴未艾，有待制度建设、专业研究与社会参与的共同推进。[1]体现在法学人才的培养中，法学院校就需要对于《网络法学》本科教学进行系统化的课程设置，以社会就业需求为导向，培养符合网络法学实务工作需求的法学人才。

二、《网络法学》作为法学专业学科的定位

（一）部门法学与"领域法学"视角下《网络法学》的学科定位

学术界曾对《网络法》的部门法归属问题有所争论，作者认为，传统部门法的分类标准实则并不适用于对网络法部门的定性与定位，《网络法》与其他部门法并不属于并列关系，亦不存在比较的必要。传统部门法分类，在法理学上，主要是依据两个标准：调整对象与调整方法。其中，调整对象是首要标准，各部门法所调整社会关系的性质显著不同。例如，行政法学部门主要调整国家行政管理活动中各种社会关系；民法学主要调整平等主体之间的人身或财产关系，其中包括公民之间、法人之间以及公民和法人之间。由此来看，部分法的分类设置立足于所调整法律关系的性质。而对比来看，目前我国法学领域中出现一些难以划归为传统部门法范畴的研究领域，包括网络法、环境法、文化法、卫生法、金融法、财税法、教育法、体育法、航空法等多个学科门类，其中有些是随着经济社会发展新形势出现的新兴学科或前沿学科，有些则是交叉学科或冷门学科，按照传统部门法的分类标准，很难被归为传统的某一部门法中。所以，"领域法学"理念的创建为这些学科的发展提供了空间。领域法学（science of field law），是以问题为导向，以特定经济社会领域全部与法律有关的现象为研究对象，融经济学、政治学和社会学等多种研究范

---

〔1〕 于志刚主编：《网络法学》，中国政法大学出版社 2019 年版，第 37 页。

式于一体的整合性、交叉性、开放性、应用性和协同性的新型法
学理论体系、学科体系和话语体系，具有研究目标的综合性、研
究对象的特定性以及研究领域的复杂性等特征。[1]具体到网络法
学领域，在立法模式上，网络相关立法存在两种立法模式：专门
性立法与延伸性立法。针对网络行为与网络空间中的社会关系，
专门性立法出台网络基本法及其他相关立法，例如《网络安全
法》《电子商务法》《电子签名法》以及正在立法研讨的《个人
信息保护法》《数据安全法》等。对比而言，延伸性立法则是传
统法律部门在其部门立法中对于本部门中相关的网络法问题做出
的立法规制，例如《刑法》《民法总则》《侵权责任法》《消费者
权益保护法》《食品安全法》《广告法》《专利法》《商标法》等，
均会涉及网络空间中法律关系的调整与规范。需要指出的是，尽
管延伸性立法一定程度上节约了立法资源与立法成本，但也同时
带来了立法重复、冲突、分散的问题，专门的网络立法则可避免
该类立法问题。[2]

　　基于上述认识，《网络法学》学科作为新兴的法学专业二级
学科，它的基本术语、概念、理论模式与传统法学学科虽具有密
切联系，同时也具有自身独特的研究对象、理论框架、核心命
题。网络法学通过分析和研究网络法现象与网络法律关系，揭示
网络法规律，主要研究内容涵盖数据权利、数字经济、网络主
权、数据主权与数据安全、网络和信息安全、网络刑事法、电子
商务法、电子证据法、网络知识产权法、网络金融法、网络传播
法、网络犯罪侦查、国际网络法等方面。可以看到，网络法学的

---

〔1〕 关于领域法学的详细论述，详见杨文德：《领域法学崛起因应新兴学科挑战》，载《中国社会科学报》2018 年 11 月 21 日。刘剑文：《超越边缘和交叉：领域法学的功能定位》，载《中国社会科学报》2017 年 1 月 4 日，第 5 版。熊伟：《法学现代化背景下领域法学之契机》，载《中国社会科学报》2017 年 1 月 4 日。王桦宇：《领域法学研究的三个核心问题》，载《法学论坛》2018 年第 4 期。梁文永：《一场静悄悄的革命：从部门法学到领域法学》，载《政法论丛》2017 年第 1 期。刘剑文：《论领域法学：一种立足新兴交叉领域的法学研究范式》，载《政法论丛》2016 年第 5 期。
〔2〕 徐家力：《论网络治理法治化的正当性、路径及建议》，载《东北师大学报（哲学社会科学版）》2017 年第 4 期。

内容既包含公法也包括私法，综合性立法是网络法学自身的特色。因此，各部门法学学科与网络法学的知识内容存在一定程度的重合。然而，这种重合是全方位的，不仅限于某一部门法学科。并且这样的知识重合并非单纯的重复，网络法学问题的解决路径，需要培养学生具备综合部门法的法律分析思维。《网络法学》作为一门法学学科，存在其独特的法学法律学科地位。

具体来说，《网络法学》的学科独立性主要体现为：①独立的调整方式：从调整方法来看，网络法的调整方法是通过明确"普通网络用户、网络平台管理者、公权力网络主体"三类不同互联网参与主体的权利、义务、权力、责任的方式维护和促进互联网的健康发展，具有特殊性。②独立的调整对象：从调整对象来看，网络法的调整对象是互联网领域的特有权益以及围绕这些权益引发的互联网各类主体之间的关系，主要围绕着互联网空间的整体秩序和安全、网络用户和网络平台在网络空间特有的权利和义务、各类公权力部门在网络空间的权力和责任。上述法益都属于网络时代衍生的全新法益，与传统部门法的调整对象并不重合。由此来看，在对于解决网络法的法律问题上，各个部门法均有其局限性，不能完整解决某一法律问题。例如在电子商务的纠纷案件中，不止涉及买卖合同的立法规制，还包括消费者权益保护、政府部门对第三方经营平台的行政监管责任等规制问题。③独立的学科思维：从思维模式上来看，网络法学问题的研究与思考都需要与信息或网络技术相结合，网络法范畴内法律问题的彻底解决，离不开对网络与信息技术原理的掌握，由此，网络化与技术化的法律思维，是网络法学思维的天然特征。[1]从这一认识出发，各部门法中有关网络法学的延伸性知识部分，仍然非常有必要单独纳入《网络法学》的学习范围。

（二）开设《网络法学》专业课程的必要性

如何设计网络法学的课程设置与培养方案，以凸显其独立的

---

[1] 于志刚主编：《网络法学》，中国政法大学出版社 2019 年版，第 37 页。

学科教学和科研地位？由上述分析来看，《网络法学》学科并不是传统法学学科中网络相关研究的集合，《网络法》也不是各部门法中与网络有关的法律规制的简单叠加。事实上，《网络法学》有其自身内在的理论体系与逻辑框架。因此，非常有必要对《网络法学》进行独立授课，其必要性主要体现为以下几点：

1. 培养学生《网络法学》方面的专业能力

"互联网＋"模式已成为人们日常工作与生活的常态，网络案件纠纷也层出不穷，从法学本科学生的学习需求来说，《网络法学》在课程讲解中应注意结合司法实务工作，由教师引导进行网络法案例的讲解与分析。我们知道，鉴于网络立法自身固有的立法滞后性，新型的法律案件往往发生在网络法领域，在司法实践中经常出现的"首例式"判决，即目前看来属于"无法可依"的网络法律案件，如何在现有的法律体系中对其司法定性进行合理化论证，是《网络法学》课堂中案件解读与分析的重点所在。

2. 弥补传统部门法教学重点的失衡问题

一方面，传统部门法教学中涵盖的教学内容十分广泛，对于网络法学有关的部分很难重点展开讲述，并详细解读其背后关于网络法学与信息技术方面的理论基础。另一方面，传统部门法教学设置中存在法学教育的空白地带。诸多法学研究领域的知识，在当前所有传统部门法教学中并无相关的延伸性内容，如网络主权、数据主权、算法规范等法律知识内容。并且《网络法学》学科本身有其内部自洽的理论体系与专属概念，尤其是信息技术有关的知识内容，学生只有在把握《网络法学》基本的理念与逻辑的前提下，才能体系化与系统性地真正理解各部门法中涉及网络法学的知识内容。因此，作者认为，仅限于传统部门法教学中的延伸性学习思维，将不利于学生形成网络法学问题意识及解决思路上的专业意识。

3. 世界法学体系视野下《网络法学》的中国特色

从全球范围来看，网络法学是当前各个国家都在积极探索的法律领域。尤其是数据立法和科技立法，是在响应与迎合目前科技发展的最新成果与未来发展趋势。例如，大数据、云计算、物联网、人工智能、区块链、自动驾驶、工业互联网等新型科学技术的出现，使得大数据驱动的科技产品广泛运用在我们的工作与生活中，同时也引起了诸多新型的法律纠纷，而当前的法律规范与权利制度难以对此进行调整，由此给传统法律体系带来了强烈的冲击与挑战。因此，学界与立法界需要新型的权利制度与法律规定予以应对。然而，在理论界，对于相关新型概念的界定和判断尚无定论，仍处于理论探讨阶段，由此也导致立法的严重滞后性，这也是网络立法的一个显著特征。因此，放眼全球，《网络法学》本身是一个新生的法律领域，世界各国目前对于信息立法与科技立法，均处于疑惑与探索阶段。由此来看，一方面，各国在《网络法学》中法律问题的理论研究与法律制定上，不存在成熟理论可供借鉴，也无立法先例可参照。因此，不能像传统部门法如民法、刑法等，存在法律移植的可能。[1]另一方面，这也意味着，对于网络法学理论与网络立法及司法，没有中外的先进落后之分，没有东西方体系之分，也没有英美法系与大陆法系的模式之分。

同时，由于国家政策与人口数量方面的原因，我国的互联网产业有其独特的存在样态。因此，《网络法学》的教学设计与安排，应从国际化与本土化的双重维度同时推进。在秉持国际视野的前提下，对于《网络法学》的课程设计也必须具备"本土化"理念。1994 年，我国作为第 73 个成员连入国际互联网，从而获得"互联互通，共建共享"的成员权利。历经 25 年后，我国当前的网络法治建设已从传统的集中管控转向现代治理模式，形成了富有中国特色的网络法治体系，为全球网络空间治理呈现了典型的中国样本、提供了成功的中国方案、贡献出独特的中国智慧。[2]从这一意义上来说，《网络法学》的教学设计与安排，也为推介中国化的《网络法学》教育做出了自身的探索与示范。

---

〔1〕 于志刚主编：《网络法学》，中国政法大学出版社 2019 年版，第 11 页。
〔2〕 徐汉明：《我国网络法治的经验与启示》，载《中国法学》2018 年第 3 期。

（三）《网络法学》知识内容的特征

1. 与信息技术的紧密相关性

《网络法学》不是传统的部门法学，是随着信息和数据技术的发展而兴起的一门新学科。因此，《网络法学》的诞生天然地具备关联信息技术的特性，与技术发展紧密相关，甚至呈现同步性。例如，目前数据研究中的热点问题是算法的公平性与解释性，机器学习领域的顶级会议国际机器学习大会（International Conference on Machine Learning，简称 ICML）2017 年度最佳论文之一就是有关算法可解释性，[1]而 2018 年度最佳论文涉及公平算法研究。[2]由此来看，《网络法学》的规范热点问题，同时也是信息技术领域的技术热点问题。因此，在《网络法学》的教学设置中，理应结合讲授信息技术原理与信息技术的前沿发展动态。

2. 综合法律学科的学习范围

互联网产业涉及诸多不同性质的行业与领域，包括信息产业、电子商务、物联网、网络医疗、远程教育、数字医疗、互联网政务、互联网司法、数字经济等。根据传统的部门法分类标准，《网络法学》领域所调整的对象涵盖多个部门法的知识内容，呈现出综合法律学科的特征。因此，从传统法律部门分类标准的意义上说，网络立法涉及不同的部门法规制，包括刑法、民法、商法、知识产权法、行政法等多个法律部门，也即意味着，就入门学习《网络法学》时应具有的知识储备方面而言，授课对象在掌握主要部门法基本理论的前提下，再开始《网络法学》的学习会更为适当，这亦是《网络法学》教学任务所蕴含的各部门法"网络化"的体现。

---

〔1〕 "Understanding Black-box Predictions via Influence Functions"，available at https：//arxiv. org/pdf/1703. 04730. pdf.

〔2〕 "Delayed Impact of Fair Machine Learning"，available at https：//arxiv. org/pdf/1803. 04383. pdf.

三、《网络法学》课程设置

（一）《网络法学》课程培养方案设计

1. 系统化的课程内容安排

《网络法学》是中国政法大学独立的法学二级学科，法大已经确立了系统化的网络法学硕士与博士培养方案，成为全国第一个在网络法学二级学科具有博士学位、硕士学位授予权的单位。对于本科生的《网络法学》培养方案，本着"课比天大"的教学宗旨，随着"中国政法大学建设一流本科教育行动方案（2025 计划）"的逐步实施与积极推进，《中国政法大学建设一流本科教育行动方案（草案）》第 20 条规定，探索"人工智能 + X"复合培养新模式，服务国家社会经济发展的最前沿。大力推动互联网、大数据、人工智能、模拟现实等。现代技术在教学和管理中的应用，探索实施网络化、数字化、智能化、个性化的教育，以现代信息技术推动高等教育质量提升的"变轨超车"。重视人工智能与法学、政治学、社会学等学科专业教育的交叉融合，培养掌握"人工智能 + X"的横向复合型人才。建立跨学科教研室，形成高水平创新团队，促进人工智能技术在智慧法庭、智能政务等方面的应用，推动社会治理现代化。加强产学研合作，鼓励各教学院部与企业等机构合作开展人工智能项目教学研究。而人工智能与法学的关键交集点在于数据的权属和规制，因此，在人工智能的法律规制领域，《网络法学》是重要的学科突破领域。基于此政策背景，为响应中国政法大学 2018 年 12 月份举办的本科教育教学工作会议所传达的精神和理念，在《网络法学》的教学体系设置方面，为保持法大在网络法学教育上的先发优势，并为全国其他法学院校提供先进的《网络法学》教学样本，十分有必要对本科学生的《网络法学》课程设置做出体系化的设置与安排。

目前，法大《网络法学》的课程教学是以《网络空间治理》

的课程名称设置在通识选修模块下。[1]通识版块设置的原因在于，法大作为以法学专业为主的多科性大学，学校通识教育的师资相对匮乏、通识课程的数量也十分有限。为弥补这一缺陷，学校将各专业的专业课程（含专业必修课和专业选修课）面向全校学生开放。考虑到学校法学的专业课程种类丰富、内容覆盖面大、师资力量雄厚，因此在通识课程体系中，学校单独成立了一个法学类课程组，鼓励法学以外专业的学生在这个课组进行选修，作为通识教育课程体系的强力补充。[2]理论上来说，作者认为，《网络法学》基本知识框架包括网络基本法、网络公共空间、网络私有领域、个人网络权利、网络安全、网络主权、网络空间治理、国家制度建设、国际网络立法等，除此之外，对于数据法学、算法规范的前沿知识，也应纳入《网络法学》的教学范畴，具体包括数据治理、平台责任、司法与人工智能等课题内容。整体而言，《网络法学》课程内容应偏实务为主，主要涵盖民商法、知识产权法、刑法等多个法学学科。相对于《网络法学》课程，《网络空间治理》的教学安排内容则更为广泛，不仅限于法学知识。主要体现在：①网络空间的治理，就制度建设层面而言，不仅需要法律制度的建设，也需要国家政策、行政文件、行业规范等方面的引导；②除了制度建设，网络空间的治理，更需要技术措施的应对。因此，尽管网络法学是《网络空间治理》课程的重点内容，但课程不限于法学领域，还会涵盖网络空间的技术构成、网络社会治理的制度设计等跨学科知识领域。

在法大《网络法学》本科课程设置上，目前在本科生培养方案中已有面向全校各专业本科学生开设的：①《网络空间治理》（通识主干课组），于 2018—2019 学年第二学期进行初次授课；②《网络法学案例研习》（案例课组），将于 2019—2020 学年第一学期开设；③《网络审判实务——模拟互联网法院》（实务技

---

〔1〕 《网络空间治理》课程共 48 学时，3 学分。
〔2〕 于志刚：《推动大学通识教育课程体系的培育与完善》，载《中国高等教育》2016 年第 11 期。

能课组），于2018—2019学年第一学期开设。在上述课程安排的基础上，关于《网络法学》课程的体系化设置与改革，在授课对象、课程内容、课程性质等方面还应做深化的设置，笔者认为，可以围绕下述思路展开：①授课对象的针对性，对于某些专业的本科学生可进行定向授课。例如，由于专业的极度相关性，可对法治信息管理学院的信息管理与信息系统（法治信息管理方向）专业进行定向授课。②授课内容的个性化，对于与网络法有所交集的法学专业之外的其他专业，可开展针对化的网络法课程教学，如侦查专业、法治信息管理专业等。③课程性质的专业化，《网络空间治理》目前归类于通识主干课，面向的授课对象是全校学生，而《网络法学》是该课程的重点授课内容。因此，应在法学专业角度对该课程进行授课设计，以凸显《网络空间治理》在法律专业上的教学特色。

2. 开课对象的选择

根据作者教学工作中的调研与经验，由于《网络法学》涉及的理论知识涵盖各个部门法的基本内容，例如《宪法》中公民基本权利、《民法》中个人权利体系、《合同法》中的格式条款、《刑法》中提供侵入、非法控制计算机信息系统程序、工具罪（涉及帮助行为正犯化的理论分析等问题），均需要一定的部门法专业基础，才能理解《网络法学》中的法律问题分析。基于《网络法学》的教学内容涉及诸多专业理论知识，综合学科特征非常明显，学生入门学习《网络法学》的门槛较高，需有一定的专业知识储备。因此，笔者认为，《网络法学》的开设对象更适合已接受了基本部门法学授课的学生群体（如大二以上年级的学生）。

（二）《网络法学》实践教学方案

1. 网络法学实务案例及法律适用的分析

面临信息时代民商法学领域的现实问题和挑战以及互联网领域刑事司法在适用上的疑难问题，对于网络法实务案例及法律适用，主要涉及网络犯罪、网络侵权、网络知识产权、不正当竞争、消费者权益保护等案件纠纷。相应地，有关的法律适用则包括《民法》《刑法》《网络安全法》《电子商务法》等基本法律。尤其是由于《电子商务法》调整的是通过信息网络交易形式所引起的各种商事交易关系以及与这种商事交易关系密切相关的社会关系、政府管理关系等。由此可见,《电子商务法》的调整对象广泛,并且主要是针对互联网企业和网络消费者之间的权益纠纷,鉴于日常生活中,此类民事纠纷数量很大,需要精通掌握电商法及相关细化规定的法律适用的专业法学人才。

2. 互联网法院实践教学

习近平总书记在考察中国政法大学时指出:"要打破高校和社会之间的体制壁垒,将实际工作部门的优质实践教学资源引进高校,加强法学教育、法学研究工作者和法治实际工作者之间的交流。"法治人才培养作为一个具有系统性的社会化工程,需要凝聚社会各界的智慧和力量,推动社会各界参与到法治人才的培养中。[1]有鉴于此,法大一直倡导"同步实践教学"培养方针,"实践教学"通过与社会需求同步、与专业实务同步、与本土问题同步,强化学生实务技能与理论知识体系的同步培养。[2]2018年9月7日起施行的《最高人民法院关于互联网法院审理案件若干问题的规定》确立了互联网法院的管辖范围。[3]对于网络纠纷

---

〔1〕 陈菲等:《为全面依法治国培养更多优秀人才》,载《人民日报》2017 年 5 月 5 日。

〔2〕 于志刚:《法治人才培养中实践教学模式的中国探索:"同步实践教学"》,载《中国政法大学学报》2017 年第 5 期。

〔3〕 第 2 条规定:北京、广州、杭州互联网法院集中管辖所在市的辖区内应当由基层人民法院受理的下列第一审案件:①通过电子商务平台签订或者履行网络购物合同而产生的纠纷;②签订、履行行为均在互联网上完成的网络服务合同纠纷;③签订、履行行为均在互联网上完成的金融借款合同纠纷、小额借款合同纠纷;④在互联网上首次发表作品的著作权或者邻接权权属纠纷;⑤在互联网上侵害在线发表或者传播作品的著作权或者邻接权而产生的纠纷;⑥互联网域名权属、侵权及合同纠纷;⑦在互联网上侵害他人人身权、财产权等民事权益而产生的纠纷;⑧通过电子商务平台购买的产品,因存在产品缺陷,侵害他人人身、财产权益而产生的产品责任纠纷;⑨检察机关提起的互联网公益诉讼案件;⑩因行政机关作出互联网信息服务管理、互联网商品交易及有关服务管理等行政行为而产生的行政纠纷;⑪上级人民法院指定管辖的其他互联网民事、行政案件。

案件，鉴于其取证的特殊性与法律适用的综合性，因此有必要对互联网法院实务工作进行实践教学活动。目前，法大开设有《网络审判实务——模拟互联网法院》，设置在实务技能课组，旨在实践教学活动中培养符合司法实务需求的网络法学人才。

四、结语

网络社会治理的法治模式，是指运用法治思维和法治方式，将网络社会治理要素、治理结构、治理程序、治理功能纳入法治范围及运行轨道的治理理论、制度与实践。[1]《网络法学》的法治人才培养，是互联网产业经济繁荣下网络法学实务工作的时代需求。为贯彻符合社会需求的人才培养导向，应增强法学专业课程体系中《网络法学》的独立学科地位，以完善我国法学教育人才培养课程体系。系统化《网络法学》理论的授课，并结合网络法实务案例与法律适用分析，是全方面培养法学本科学生的必要方法。因此，立足于《网络法学》的学科发展特色，系统化与精细化《网络法学》本科课程设置与安排，正是高校法学教育中期待达到的效果。《网络法学》课程旨在培养本科学生对于网络高新技术带来的社会规范变化保持敏锐的专业嗅觉。通过理论教学与研讨训练，使同学们熟悉网络空间治理的基本范畴，掌握其主要理论、规则和案例之规范含义与社会寓意，对网络空间治理有较为深入的掌握，并在此基础上深度培养《网络法学》的实务操作能力。最终，通过体系化的《网络法学》课程设置，包括《网络空间治理》（或《网络法学》）、《网络法学案例研习》课程，以及配套的《网络审判实务（模拟互联网法院）》实践课程，最终使本科学生掌握系统性的网络法学知识体系、专业性的网络法学知识内容、实用性的网络法学实务经验。

---

〔1〕 徐汉明、张新平：《网络社会治理的法治模式》，载《中国社会科学》2018年第2期。

百花园

Spring Garden

综议体育运动对大学生社会适应力的积极影响

◎邵建伟 *

摘　要： 社会适应力已成为现代健康观中的一个重要维度，体育教育对受教育对象社会适应力的影响，已成为体育教育当中一个备受关注的价值热点。社会适应力可概括为学习、认知探索能力，人际交往能力和社会生活适应能力。体育运动通过对大学生个性心理、综合社会素质和人际交往能力的影响来提升大学生上述的社会适应能力。而不同体育项目、运动频次、锻炼时间、锻炼强度及锻炼形式均是体育运动中影响大学生社会适应力的重要构成因素。为此，在大学体育的教学及运动组织中，可注重学生意志磨炼以提高其社会适应能力，可为体育锻炼强化微型社会情境以培养学生社会意识，还可根据大学生的专业特点开展体育锻炼。

关键词： 社会适应力　体育与社会适应力　大学生体育锻炼　高校体育教育

＊ 邵建伟，男，中国政法大学体育教学部讲师。

一、引言

世界卫生组织（WHO）对健康的定义是：健康是身体、精神与社会适应方面的一种全面完好状态，而不仅只是没有疾病或身体不弱而已。这一定义全面强调了"健康"的三个重要组成因素：无生理疾病、无心理疾病和具有社会适应能力，社会适应力已经被视作现代健康观中的一个重要维度。

体育运动不仅能助益个体强身健体，还能提高参与者的社会适应力，后者已被视为对体育运动的一项功能认知，所以应当将它作为校园体育教育的关注绩效之一，但是因长期受到"强身健体"的体育锻炼思维的主导，使得体育运动这一提高参与者社会适应力的功能属性常被忽视。

体育运动及相应的体育教育，在培养学生社会适应力方面有独到的优势。如学生在体育运动中要参与各种角色、感受不同角色体验、感受团队精神、培养规则意识、建立和谐共生的人际关系等，这些对学生改善和提高社会合作、竞争意识和能力等社会适应素质方面有良好的促进作用；且体育运动内容丰富、环境开放，存在运动形式的多样性和运动中人际交往的频繁性，尤其集体运动项目还具有各自定位的专职性、人际关系的规范性和复杂性，可以说就是一种"社会活动游戏"。

因此，现在关于体育教育对受教育对象社会适应力的影响备受重视，从学前教育到大学教育的整个教育阶段，它已成为体育教育当中一个备受关注的价值热点。

中小学及学前阶段的体育锻炼对学生社会适应力的影响已多有研究。大学教育是个体社会化过程中的一个重要阶段，是人生观、价值观和世界观的形成时期，也是人一生中从初步成年到成熟的一个过渡期，大学生社会适应能力的强弱直接影响着学生踏入社会后人生的成功与否。而体育作为学校教育的重要内容，应发挥积极的作用，它不仅能增强学生体质、强健体魄、促进身体的正常发育和发展，还能提高学生的心理健康水平、增强学生的社会适应能力，对培养全面发展的人才起着特殊而独到的作用。

二、专业概念的阐释
（一）社会适应力的内涵

社会适应力即适应社会的能力，是指个体为了在社会上更好地生存而进行的心理、生理以及行为上的各种适应性的改变，以让自己与社会达到和谐状态的一种适应能力。社会个体为了适应社会生活环境而调整自己的行为习惯或态度，包括自我心理调节能力、辨别区分事物能力、与人沟通能力、应变能力、理解能力和独立处理事务能力等。要求个体和环境合理得融合以达到一种协调的状态。[1]社会适应力是一种社会实践能力，不仅包括个体改变自己以适应环境，也包括个体改变环境使之适合自身的需要，所以包含着双向的"互动"。社会适应能力也并非单一存在，社会环境、个人社会角色及其人际关系都会对社会适应力产生影响。

学者季浏在《体育与健康》中将社会适应能力称为社会健康，将社会适应能力看作是社会健康的体现，是个体与他人及社会环境相互作用、具有良好的人际关系及实现社会角色的能力，突出了社会适应能力的互动性，强调个体在环境和人际的相互作用中社会角色的实现。[2]

社会适应能力是当今社会发展所需人才的素质的重要组成部分，《全国普通高等学校体育课程教学指导纲要》将培养学生的社会适应能力列为课程目标之一。大学生的社会适应能力，是指大学生对大学生活以及社会生活适应性的强弱表现，也就是，大学生随着外界环境条件的改变而改变自身的特性和生活方式的能力。狭义而言，社会适应力是指学校培养的学生适应未来社会竞争的本领和能力、适应本职工作的能力，通称适应社会需要的

---

〔1〕 霍方：《学校体育促进大学生社会适应能力发展研究》，载《河南师范大学学报》2005 年第 33 期。

〔2〕 季浏：《体育与健康》，华东师范大学出版社 2005 年版，第 165～166 页。

能力。

（二）大学生社会适应力的组成

论究体育运动对大学生社会适应力影响，需要阐明一个关键的问题内涵，即社会适应力具体主要由哪些能力构成。社会适应力作为一种能力，它与个体的其他能力一样源于两个方面：一是个体的意志品质；二是个性，个性是构成一个人的思想、情感及行为的特有统合模式，这个独特模式包含了一个人区别于他人的稳定而统一的心理品质。

基于以上的认识基础，许多学者探讨了组成社会适应力的要素，国外学者葛斯汉（Gresham）等人认为社会适应能力有五个维度，即处理同伴关系的能力、自我管理的能力、学习的能力、服从的能力以及表达意愿的能力。[1]学者笪学军将大学生社会适应力的构成分为：学习能力、人际交往能力、认知能力、独立生活能力、应对挫折能力及实践能力。[2]学者崔秋月也基本上将大学生社会适应能力组成分为：社会认知能力、人际交往能力、独立生活能力、竞争与合作能力、耐挫抗压能力。

综合以往各学者对社会适应力组成要素的研究论述，可将社会适应力的组成综合归纳为三个方面的内容：学习、认知探索能力，人际交往能力和社会生活适应能力。

学习、认知探索能力包含学习和认知能力。学习能力就是学习的方法和技巧，是一种终身学习的习惯及能力，尤其身处知识爆炸的信息时代，知识的更新换代在飞速进行，个体要养成终身学习的习惯及自学能力，在社会中与时俱进充实自己，这是一个个体不断适应社会的基础。认知即人对自身及客观世界的认识过程，当今社会处于快速发展和不断变革中，各种观念、人际关系和社会现象错综复杂，个体在社会环境中更会受到各方面因素的

---

[1] Gresham, F. M. , Sugai, G. & Horner, R. , "Interpreting Outcomes of Social Skills Training for Students with High-incidence Disabilities", *Exceptional Children*, 2001, Vol. 67, No. 3, pp. 331 –344.

[2] 笪学军：《大学生社会适应能力研究》，河海大学 2005 年硕士学位伦文。

影响，一个人身处社会，不得不根据不同的社会环境进行相应的调整，做出恰当的、合乎角色的反应，这是社会适应能力的重要表现。对于大学生而言，如何找准自己以后的社会位置，学会自处处人，分辨是非，树立正确的世界观、人生观、价值观都是大学阶段学习和锻炼的重点，都是与适应社会相关的。

人际交往是人与人之间进行信息交流及感情沟通的过程，在此之上人与人建立和发展关系，就是人际交往。它包含了竞争与合作的能力以及服从能力。竞争是个体或群体之间，希望胜过或压倒对方的心理需求和行为活动，是个体在社会化的过程中时强时弱地被驱动的一种行为倾向。合作是指个体或群体之间，为了达到共同目的而彼此相互配合的一种联合行动或方式。竞争能力与合作意识已经成为人们生存发展的重要品质。[1]大学体育运动也是在教师与学生或学生之间开展的，彼此之间也处于互动状态中，包括合作、竞争、冲突、交流等，这些就为学生提供了一种环境来提高自己的社会交往能力。服从指的是个体在社会要求、群体规范或他人意志的压力下，被迫产生的符合他人或规范要求的行为。服从的能力就是当个体的意识、利益、思想与某一法令、政策、规章制度相冲突时，个体对自身行为控制的能力，体现了一个人的自我约束和自我牺牲的品质。

生活适应能力同样包含两方面，一是独立生活的能力，是一个人能够自立自主、自我调节、独立处理问题等方面的能力。大学毕业之后，学生将独自面对复杂的社会，处理各种问题，与各类人群交往。独立能力是逐步转变的过程，由最初的生理独立逐渐转变为心理独立。只有在心理独立的情况下，才能够自立自主、自我调节和独立处理问题。二是应对挫折的能力和抗压能力，也可被称之为心理承受能力。这是在遇到逆境时的处理能力，当一个人遭遇逆境和挫折时，会使人产生不良的、消极的负面情绪，给心理造成负担和压力，个体通过自身的适应力、容忍

---

〔1〕 阳海英：《体育运动对大学新生社会适应能力的影响——基于心理结构》，载《四川体育科学》2016 年第 35 期。

力、战胜力使其摆脱消极情绪，理性面对与处理困境，恢复正常状态。

三、体育运动影响大学生社会适应力的机理

体育运动如何影响大学生的社会适应力，是通过哪些具体的路径塑造上文所说的构成大学社会适应力的学习、认知探索、人际交往和社会生活适应方面能力的，即为体育运动影响大学生社会适应力的具体机理。

（一）对大学生个性心理的影响

良好的个性心理特征是提高大学生社会适应力、促进其社会化发展、担当社会角色的基础。进入青春期后，由于身体发育的改变，大学生的心理也相应地发生变化。求知欲变强、思维活跃、精力旺盛、渴望交往，崇尚勇敢、顽强、机智。而体育运动恰恰可以培养大学生的这些心理品质，对其个性心理的发展能够起到积极的促进作用。在体育教学中，教师可以针对学生的生理、心理发育特点，有意识地创设轻松愉快的学习情境，制定科学的锻炼计划，安排合理的运动量与运动强度，通过体育实践活动给学生带来愉快的心理体验，宣泄不良情绪，缓解压力，增强自信，培养良好的意志品质，促进学生的个性心理和谐健康发展。

根据体育学者杨栋等的比照实验研究，体育锻炼能够有效地控制和消除大学生的不良个性心理品质[1]，尤其是具有积极意义的竞赛活动，其竞争目标或竞争行为能够对大学生构成一种心理压力，从而刺激和强化其行为强度，体育比赛中对于取得胜利和得到荣誉的渴望，以及为此而付出努力的过程本身就是一种积极进取、拼搏向上的心理体验。这些都有益于减少或消除学生的焦虑、孤独、抑郁、过敏、自责、自卑等消极或低沉的心理情绪，有利于培养学生的竞争与合作意识，以获得成就感、增强自

---

〔1〕 杨栋、谭志刚、周贤江：《体育与健康课程中普通大学生社会适应能力的评价体系研究》，载《山东体育学院学报》2012 年第 2 期。

信心、提高竞争能力。

在体育活动过程中，激烈的对抗和各种高、难、险的技术动作，及长时间承受的生理、心理负荷对人的自制力、果断、顽强等意志品质都是考验和磨炼。而体育的群体性特点，使每一个参与者的个人行为受到群体的约束，在群体活动中通过角色学习、角色扮演和角色冲突来获得丰富的情感体验，了解自己、认识他人，学习社会规范，正确地对待成功与失败、艰难与困苦，在增强体质的同时，磨炼意志，加强自制能力，完善适应社会的个性心理。

（二）良性塑造大学生综合社会素质

大学生的综合社会素质包含社会价值观、挫折承受能力与社会成熟度。

价值观是社会个体在评价或面对客观事物时所持的相对稳定的某种态度。有学者将大学生这一刚涉世的青年群体的社会价值观表现分为四种类型：一是踏实类型，遵从社会规范，有自律和内控的自我导向，重视传统和社会评价；二是从众类型，非常遵从社会规范，但也容易依照他人导向随波逐流；三是功利类型，有以自我为中心的功利主义思想，对于道义和人情价值不甚注意，追求个人利益；四是冷漠类型，不在乎社会规范，回避人际交往，不在意他人的价值取向。研究实践表明，长期参与体育锻炼的大学生相较不参加或较少参加体育活动的大学生，其价值观更多倾向于踏实类型，具有功利及冷漠类型倾向的则明显少于后者。

社会成熟度是指随着年龄的增长，大学生对自身生理、心理及社会环境变化所表现出的认知能力和行为模式，包括情绪的稳定性、进取心、自信心和自尊心，还有自我意识及人际交往等方面的内容，这些直接影响大学生社会角色的实现，影响社会适应能力的提高和社会化的进程。大学生进入青春期后，无论身体还是心理都会发生很大的变化。如何形成统一的自我、克服自我角色的混乱、提高社会成熟程度是这一时期大学生所面临的重要任务。体育活动可以加速大学生的社会成熟进程，集体性的体育活动，可促使学生明确自己职责的分担，发挥自己的特长，完成自己的任务。使学生在满足集体对自身的期待中，学习社会规范，发展认知能力，约束自己的行为，提高分析和思维能力，加速社会成熟的进程。

人在社会生活中会经受各种挫折，而承受挫折的过程也是一个心理调适的过程。大学生的挫折承受能力是指学生在面对日常学习、生活中遇到的障碍和干扰时，所表现出来的调整自己的主观感受、消除不良情绪、摆脱挫折感的能力。它是衡量大学生社会适应能力和社会化进程的重要指标。具有一定情境的体育活动使大学生总是处于一定的角色之中，学生随着体育活动内容和形式的变化不断变换着自己的职责，也改变着自己的"身份地位"，大学生尝试不同的运动项目，学习相应的技术规范，体验成功与失败的感受。这一过程也为学生学习社会适应、提高承受能力提供了适宜的感受，使学生在竞争与合作的过程中完善心理体验，培养良好的个性修养，增强自信，提高挫折承受能力。

（三）提升大学生人际交往能力

人际关系是人们在社会活动中形成的建立在个人情感基础上的相互联系。人际交往能力是衡量大学生社会适应能力的一个重要指标。随着年龄的增长，大学生对社会交往的需求不断增加，渴望交友是这一时期青少年显著的心理特点之一。体育运动以其团体性、趣味性、开放性、平等性、互动性等特点，在时间空间和内容形式上为学生的社会交往提供了理想的场所和广阔的空间。大学生不仅能从体育活动中获得一种集体归属感，满足社会交往的心理需求，还能够因为受到集体的约束而不断地修正自己的行为，在扮演各种运动角色的过程中，遵守行为规范，体会责任义务，使同伴之间产生一种强烈的情绪共鸣和心理相容。因此，通过体育学习集体适应对培养大学生的人际交往能力和社会适应能力能够起到非常重要的作用。

根据体育学者苏明的比照实验研究，参加体育锻炼的实验组大学生，其人际关系较好的成员数量多于无特别体育锻炼的对照组学生数量，这种显著性差异存在统计学意义。它说明体育锻炼能让大学生有效地提高人际交往的能力。

四、体育运动影响大学生社会适应力的因素分析

根据体育学者阳海英[1]、杨栋、周贤江等人[2]的研究成果，再结合笔者的教育实践研究体会，不同体育项目、运动频次、锻炼时间、锻炼强度及锻炼形式均是体育运动中影响大学生社会适应力的构成因素，具体综述如下：

（一）不同体育项目对大学生社会适应力的影响

不同体育项目对大学生包括学习认知探索能力、人际交往能力和社会生活适应能力在内的社会适应力的影响不同。其中多人参与的集体项目对大学生社会适应能力的积极影响最大，也即一直以参加集体项目为主的大学生的社会适应力最强，这类集体项目以篮球、足球、排球三大球项目为代表；对抗类项目对大学生社会适应能力的积极影响次之，对抗类项目如网球、羽毛球、乒乓球等；个人项目对大学生社会适应能力的积极影响最弱。

体育运动本身是一种特殊形式的微型社会活动，在锻炼过程中它提供人际交往的时间与空间，促进学生间正常的人际交往，形成良好的伙伴关系、对手关系和竞争关系等。

篮球、足球、排球等一类的集体项目，更需要个体之间的团结协作及个体与群体间具有的良好默契，增强团队的力量才能获胜。集体体育运动项目中个人能力再强也不及集体能力强大，参与者都要具有集体意识与团队精神，不仅要求参与者具有技战术能力，在比赛运动中表现出胆略、意志、活力与创新力，也要具备勇敢顽强的斗志和团结协作精神。经常参加这些团体体育运

---

〔1〕 阳海英：《不同体育活动对大学新生社会适应能力的影响》，载《体育科学研究》2016 年第 1 期

〔2〕 杨栋、谭志刚、周贤江：《体育与健康课程中普通大学生社会适应能力的评价体系研究》，载《山东体育学院学报》2012 年第 2 期。

动,一方面可以培养大学生的团队意识和合作精神,另一方面可使大学生摆正个体在集体活动中的位置,正确处理竞争与协作、个人荣誉与集体荣誉之间的关系,增加了团队交流与信任,提升了人际交往能力,促使了个体社会适应能力增长。

对抗运动项目对身体条件、运动技能和运动天赋要求极高,更加注重战术、思维能力及反应灵敏度,包括面对赛场上各种突发情况能妥善处理。参与的个体须解决困难,随机应变的能力要比较强,自然使之社会适应能力也得到相应的提升。

个人运动项目对参与者社会适应能力影响之所以最弱,是因在参与此类项目的过程中参与者更倾向于内心活动,与外界交流的机会很少,整个运动比较放松,从而对社会适应能力的提升比较不明显。

故在大学生参与体育运动时,主张其多参与集体项目,增加同学交流,在锻炼的过程中增强人际交往能力,而在竞赛中互帮互助、增强团队意识、体现团队风范与自身责任感。

(二)体育运动频次对大学生社会适应力的影响

当前,国内外学界提出了体育人口的概念,体育人口是指一周参加不少于 3 次体育活动、每次不少于半个小时、活动的强度为中等强度以上的人群,这其中参加次数的多少对大学生社会适应力的影响较大。

综合上述学者的调查研究资料,可将大学生每周课外体育活动的次数总结为:1~2 次、3 次、4~5 次及 5 次以上,分布是:每周课外体育活动 1~2 次者约占 75%,这部分大学生平时的自主锻炼很少,只有参加 3 次及以上课外体育运动的学生才有自主锻炼的意识,这部分学生占比约 25%。

同等条件下,随着每周锻炼次数的增加,体育运动对大学生社会适应力的积极影响也越强,每周参与体育活动次数越多的大学生,其相应社会适应力会变得越强,但每周参加课外体育活动 3 次及以下的学生,其课外体育活动次数对社会适应力影响的差异不太明显,只是略微有所不同。一周参加 4~5 次及以上次数课外体育活动的大学生，其体育运动次数增加所带来的对社会适应力的积极影响明显增强，其由于频繁体育运动带来的对社会适应力的助益要明显高于每周只参加 1~3 次的大学生。

（三）锻炼时间对大学生社会适应力的影响

大学生参与体育运动的持续时间可划分为：0.5 小时以内、0.5~1 小时、1~2 小时及 2 个小时以上。综合上述学者的资料分析，绝大多数大学生每次运动时间都在 1 小时及以内，只有少部分学生的每次锻炼时间在 1~2 小时，参加运动在 0.5 小时及以内的所占比例约 40%，0.5~1 小时的也约占 40%，锻炼 1~2 小时的约占 16%，运动 2 小时以上的学生不超过 5%。

不同锻炼时间对社会适应力的影响有一定的差异，但一些不同锻炼时间长度之间的差异显著性并不十分明显。其中锻炼 0.5~1 小时对提升大学生社会适应力的助益高于其他的时间长度。0.5 小时以内及超过 1.5 小时以后，对社会适应能力助益并不明显。原因是锻炼时间太短无法进行充分的沟通和交流，但因锻炼时间太久而身体疲劳自然就会没有过多精力用于社交，所以合理的体育锻炼时间更有助于社会适应能力的提高。

（四）锻炼强度对大学生社会适应力的影响

在学校的体育教育当中，通常用心律来衡量锻炼强度，但在其他研究领域中，如体育运动学、体育运动心理学等精确的实验研究，常用运动时的负荷强度来区分，如单位练习的负重量，练习的高度、远度、速度等，以及锻炼时的体能消耗程度等。

本文借鉴《2005 年国民体质监测工作手册》中调查的标准，以出汗程度界定体育锻炼的强度。"稍微出汗"为"小强度"，"中等出汗"为"中等强度"，"大量出汗"为"大强度"。体育运动锻炼的强度多半也与体育锻炼的项目选择有关，如篮球、足球、网球等呼吸急促、出汗较多的项目归为大强度运动项目，中等强度的运动有跑步、骑自行车、登山等较为持久激烈的项目，小强度的如体操、踢毽子、太极拳等项目。

大多数大学生体育运动的强度都控制在中等出汗的强度，这部分学生占比约 55% ；进行大汗淋漓的大强度运动的学生约占 30% ，其次是微微出汗的运动强度的学生占比约 10% ~ 15% 。

运动负荷强度对社会适应力有一定的影响。大学生参加体育锻炼时的强度不同，对其社会适应能力的影响也会有所不同，大强度的体育运动对大学生社会适应能力的提升最大，说明身体完全被调动积极投身于运动中去，人际关系可以很好地融合，与出汗程度降低相伴随的运动强度降低，其对大学生社会适应能力的提升影响也在降低，其中微微出汗的小强度体育运动对大学生社会适应能力的影响比较小，但比无感觉的体育活动或不参与体育活动情况会好一些，说明只要积极参与体育活动对学生社会适应能力培养都会起到一定作用。

（五）锻炼形式对大学生社会适应力的影响

体育锻炼的形式主要是指组织参与的形式，现在大学生参加课外体育活动的形式呈现多样化，大学生参加课外体育活动形式主要有四种：与同学、朋友等同伴一同锻炼、独自锻炼、院系组织活动及参与体育健身俱乐部运动，还有其他的形式但所占比例极低。

不少大学生会把课外体育活动作为一个相互交往、沟通感情及建立良好的人际关系的平台之一，一般采取的形式也和运动项目、场地情况有关。与同学或朋友等同伴一起运动的形式所占的比例最高，约为 40% ，选择独自锻炼的大学生约占 25% ，选择参与院系体育活动的约有 15% ，而随着社会家庭消费能力的提高，有一部分有经济条件的大学生会付费参加健身俱乐部，这部分的大学生约有 10% ，选择了其他形式的大学生比例很少。

不同锻炼形式对大学生社会适应力的影响是有差异的，大学生一个人独自锻炼的社会适应能力提升明显弱于其他三种有着结伴锻炼性质的运动形式，因为结伴进行体育锻炼比一个人锻炼要更有利于大学生社交能力的发展，社会适应能力的提升与锻炼的形式中同伴人数的多寡及复杂性成正比关系。但多数大学生参加体育锻炼来去随便、没有约束力、无锻炼计划，而大学生进行体育锻炼时，会根据自己的运动项目、场地情况来决定自己的活动形式。

五、基于社会适应力提升的大学生体育锻炼建议

（一）重学生的意志磨炼以提高社会适应能力

从目前的情况看，由于应试教育的影响，社会适应能力和社会对大学生实际需求之间存在差异，通过体育课程提高学生的社会适应能力还是非常重要的。[1]

在任何的体育活动中，学生都要经受身心上的双重负担，每一次体育活动都对培养学生坚强的意志发挥了重大作用，磨炼了学生意志，使其坚韧不拔。而当学生走上社会后，一定会遇上各种困难挫折，若是想要更好地面对和适应社会，从而更好地生存发展，每一个学生都要在高校中培养出能够面对未来的意志和能力。在高校体育教学中，应让学生参加各种充满着挑战的运动，培养心理承受能力和生理负荷能力，让学生把学习过程当作磨炼自己身心或是考验自己能力的机会。让学生通过参与比赛更好地体会未来社会也是充满成功与失败的。让学生接受一定的抗挫折性教育，能够提高学生的社会适应能力，特别是面对困难、迎接挑战的能力，从而使学生更好地适应社会。

所以，在高等院校的体育教学中，一定要增加可以磨炼学生意志的内容。在体育教学过程中，可时刻注意学生的情绪变化，在学生表现出消极的情绪时，一定要及时引导，给他们鼓励，帮助他们认识到坚韧意志的重要性，使学生在磨砺中培养适应社会的能力。学生在进行体育项目锻炼时，让其付出一定的身心各方面的努力，充分磨炼学生的身体素质和心理承受能力。

可通过开展对抗性较强的运动项目如篮球、足球等，培养学生勇敢、顽强、进取的意志品质，在提高身体素质的同时促进心理健康的发展。任何体育运动都有完善的规则和要求，任何参与

---

〔1〕　吴红胤:《试论高职体育教学对学生社会适应能力的培养》，载《黑龙江高教研究》2009 年第 3 期。

者都必须遵守和执行，只有这样活动才能顺利地进行和开展。教师可通过指导学生变换运动职责，让他们充分了解各种职责所隐含的社会意义，使他们明确在享有一定权利的同时必须遵守相应的行为规范，承担相应的义务与责任。

（二）为体育锻炼强化微型社会情境，培养学生社会意识

当学生进入社会以后，会面临各种各样的环境，扮演不同的角色。高等院校体育教学应为学生营造一个良好的氛围，使之提高自身的社会适应能力。

大学基本就是社会的缩影，而体育活动也可看成是一个微型社会活动，既有协作和竞争，也充满着机遇和挑战，学生也在体育活动中，尝试了各种成功与失败。在进行体育教学时可充分领会并利用体育活动具有的综合性和集体性特点，强化微型社会情境，以培养学生的社会意识，加强学生的社会责任感，并提高学生的社会适应能力。在体育运动过程中，让学生在体育活动中获得协作关系和竞争关系的体验，例如可以组织一些团体竞争比赛，锻炼学生团队意识。学生在竞赛中通过角色的变换，适应不同的外部环境，从而有效提高学生的社会适应能力。

高校体育课本身其实也是一个可丰富创设的小型社会情境，可以培养学生们的合作意识与竞争精神。在创设丰富情境的体育活动中，每个学生都有着不同的角色分担，他们都可以感受到来自其他学生的情绪，都可以感受到社会的氛围。只有合作，才能凝聚更大的力量；只有竞争，才能更加充实自己。

对于体育运动的组织形式，每个参与者扮演不同的角色，随时都可以组建不同的小团体，面对不同的合作伙伴，与不熟悉的、性格不合的、爱好区别开的人一起参加体育活动。从而使高质量的体育课外运动与学生的实际生活联系起来，真正让学生的情感精神与外部社会有效沟通，为学生的合作能力、应变能力、交际能力的培养提供平台，为学生未来进入社会的发展提供了各种锻炼。

（三）根据大学生的专业特点开展体育锻炼

大学教育的目的是培养高素质的有专业素养的应用型及研究

型人才，但学生毕业后都要走向社会、适应社会。因此，高校体育教学内容设置应与大学生所学专业和未来职业相适应，针对学生专业的特点及以后职业所需安排教学内容，制定突出专业特点的高校体育教学目标，以提高学生体育课学习的兴趣。大学体育教师在进行教学内容安排时，就可注重联系社会的需要，引入一些有长期锻炼价值的体育项目。

在大学体育教学中，建议不同专业的学生尽量能开展不同形式以及不同内容的体育教学。例如对文秘、计算机、财务等专业的学生来说，他们走上工作岗位后，须长期伏案低头含胸工作，可以在体育教学中开展像网球、韵律健美操等运动，改善学生以后工作中可能会有的不良坐姿和不良习惯，并学会缓解精神紧张情绪。[1]

也要注意并加强对学生的学习方法和实践方法的改进，提高学生对体育这门学科的实践自学能力，遵循大学生身心发展的规律，比如，大学院校在体育授课内容的选择上，在一年级时，可以侧重基础技能，主要教授学习方法；到了大二可开放选修，以人为本，主动满足学生个性发展的需要，尊重学生的兴趣，让学生自主选择所学的课程；在三年级时，可以开设选修课，给学生更大的自由选择上课地点与教授内容，这样一来可以循序渐进地引导学生学习适应社会的能力。

教师为学生指导、选择运动项目及时间，有助于学生提高他们的运动技能和激发他们的学习兴趣及积极性。

总之，高校体育教学应考虑以未来社会就业为导向，结合学生的专业和职业特点，让学生的身体素质能够适应职业发展的需要，选择一些具有保健和预防功能的体育项进行锻炼，促进学生恢复体能，提高学生的职业体能。如何强化体育在提升大学生社会适应力方面的特有功能，为学生将来适应社会打下基础，是一个值得探索的课题。

---

〔1〕 蔡汉跃：《议提升学生社会适应能力的体育教学》，载《浙江体育科学》2008年第 3 期。

藤球扣球技术辅助练习实验研究

——以中国政法大学藤球课为例

◎徐京生 *

摘　要：本文以普通高校藤球教学中扣球技术的辅助练习实验研究为内容，通过对专家和相关人员进行调研、访谈，设计出扣球技术教学的辅助练习，包括辅助练习动作和辅助练习器，并进行了实验验证。

关键词：藤球扣球　辅助练习　实验研究

习近平总书记在 2018 年 9 月 10 日召开的全国教育大会上发表的重要讲话中强调"培养德智体美劳全面发展的社会主义建设者和接班人"，其中还明确了健康第一的教育理念。增强体质是学校体育教育的重要功能之一，在教学中应把培养学生的兴趣放在首位，增强学生对体育运动的兴趣。

学校体育教育在加强学生身体健康、提高学生心理抗压能力等方面起着不可或缺的重要作用，是其他课程无法替代的。作为必修课的体育课，在普通高校的上课

＊　徐京生，男，中国政法大学体育教学部副教授。

形式主要是在室内或室外的体育运动场所，进行某项体育技能的学习。[1]教师需要根据学校已经制定好的某一运动项目的教学大纲，每周按照具体的教学计划，通过体育课堂教授学生掌握相应运动项目技能。[2]教育部允许各高校根据各自学校的优势、特点自行选择多种多样的体育运动项目，作为本校体育选项课程。在这种形势下，一些新兴的体育项目就进入到了大学体育课程中。

藤球是集羽毛球的凶狠扣杀、足球的灵活多变、排球的集体配合为一体的一个新兴的竞技体育运动项目，首先，其对场地的要求不高，既可以在藤球场地内，也可以在其他场地内，甚至是只要有很小的一块平坦的地方就可以进行；其次，藤球需要的器材少，成本低；再次，藤球既可以培养学生的灵巧性，又可以培养学生的集体配合能力，同时经常参加藤球运动可以提高人的力量、速度、灵巧、耐力、弹跳等身体素质，能够很好地改善学生心肺等各器官系统的机能状况；最后，藤球既可以多人进行正规比赛，又可以个人休闲娱乐健身，还可以作为终身体育锻炼的项目。[3]

一、练习设计

藤球运动项目最早是在 1993 年被引进到中国政法大学的体育教学课程中。后来，其逐渐成为全国部分中小学以及体育院校和普通高校体育课的教学内容，成为学校体育教学项目之一，深受学生的喜爱。

作为藤球运动基础的藤球技术，主要是利用身体下肢进行运动，另外还包括头、部分躯体等。藤球技术有很多种分类，其中按照运动者是否触及藤球，可以分为有球技术和无球技术两大

---

[1] 殷荣宾等：《基础教育学校体育课程内容选择及价值取向的演变与诉求》，载《武汉体育学院学报》2017 年刊。

[2] 杨丽华：《论学校体育教学内容的结构》，载《北京体育大学学报》2000 年第 23 期。

[3] 徐京生：《藤球运动》，载《中国学校体育》1998 年第 3 期。

类。无球技术一般包括：准备姿势、身体的移动；有球技术一般包括：发球、抛球、接球、传球、扣球、拦网。[1]在这些藤球的技术中，作为完成进攻手段的扣球技术普遍被认为是得分的最关键技术，因此在藤球技术中占据着重要的地位，扣球技术的动作结构复杂、对时空感要求较高、各种情况变化多种多样，对专业运动员来说掌握好藤球扣球技术的难度较大，而对于非专业的学生来说难度更大。其中空中击球是藤球扣球技术的一个非常重要的环节，空中击球的时机把握、对藤球的线路和落点准确性的控制都是藤球扣球技术教学的难点。

辅助练习已经在很多体育运动项目的训练和教学中被广泛采用了。它是指为了学习某一难以掌握的、难度比较大的动作或者比较复杂的动作结构的体育技能时，采用将复杂的运动动作按照运动规律分解成多个单元动作进行分解练习，然后再学习整体动作；或者根据动作构成，将其降低难度先行学习更容易掌握的相似动作，待动作定型后，在形式上和内容上进行改编成易于学习掌握，且以正迁移为目的的辅助动作练习方式。辅助练习在提高教学效果方面的作用已经被证实。[2]

笔者作为最早在国内普通高校开设藤球专项课的教师，在积累了三十年教学经验的基础上，以普通高校藤球教学中扣球技术的辅助练习实验研究为题，对专家和学生进行教学现状、场地等问题的问卷调查；对国内的藤球专业教练、教授藤球的教师、藤球运动员、选修藤球课的学生进行专业技术和教学难点等问题的访谈；设计出扣球技术教学的辅助练习，包括辅助练习动作和辅助练习器。从中国政法大学藤球（三）普修班中选出男、女各 36 名，共 72 名学生作为研究对象，将其按照性别和身体素质以及藤球技术测试数据分成 4 个组，分别作为实验组和对照组进行实验教学。

---

〔1〕 张志东：《藤球运动发展及展望》，载《天津体育学院学报》1995 年第 1 期。
〔2〕 侯宽、王莉、杨敬研：《论辅助练习在大学体育选项课教学中的应用——以网球选项课教学为例》，载《管理观察》2014 年第 36 期。

表1 学生对现行的藤球选项课教学内容与教学方法的
意见问卷调查表（共341人）

序 号	问 题	肯定回答人数	占比（%）	一般回答人数	占比（%）	否定回答人数	占比（%）
1	现行的藤球选项课教学内容与教学方法是否合理	208	61	113	33	20	6
2	现行的藤球选项课教学内容与教学方法是否能使你很好地掌握技术动作	98	29	188	55	55	16
3	现行的藤球选项课教学内容与教学方法中对学习成绩的评价方法是否合理	161	47	172	51	8	2
4	藤球技术中你是否认同扣球技术是重点和难点	302	89	39	11	0	0
5	在藤球课上从来没有使用辅助练习	341	100	0	0	0	0
6	你认同辅助练习能帮助掌握技术动作	303	87	35	10	3	3

（一）制定的藤球（三）教学计划

表2 藤球（三）教学计划

周 次	教学内容	教学方法和手段	教学要求
1	（1）讲解本学期教学内容 （2）素质测验、藤球技术测试、分班	对身高、体重、立定跳远、肺活量、坐位体前屈、50米跑、控球等进行测验	了解本学期技术学习内容及考核方法，了解学生身体素质情况

续表

周 次	教学内容	教学方法和手段	教学要求
2	（1）学习藤球外摆扣球的助跑、起跳 （2）身体素质	讲解藤球助跑技术要领、示范、观看视频、学生练习、纠正错误	观察传球线路、落点，选择助跑方向，学会掌握助跑的步伐、节奏
3	（1）控制球练习 （2）腾空外摆扣球 （3）身体素质	（1）原地起跳无球扣球模仿 （2）助跑起跳无球扣球模仿 （3）教师或自己抛球扣球	基本学会外摆扣球技术动作 进一步提高反应速度
4	（1）复习腾空外摆扣球 （2）传球练习 （3）身体素质	（1）讲解外摆扣球技术要领 （2）教师示范 （3）纠正错误	学会自抛自扣技术 进一步加强柔韧性练习
5	（1）双人对传球 （2）腾空外摆扣球 （3）素质练习	（1）教师传球，学生排队扣球 （2）自传自扣球 （3）个别辅导学生扣球	提高外摆扣球技术熟练程度
6	（1）复习外摆扣球 （2）学习倒钩扣球 （3）身体素质	（1）按顺序排队外摆扣球 （2）讲解倒钩扣球技术并示范 （3）纠正错误	进一步提高外摆扣球成功率，初步学会倒钩扣球
7	（1）多人传接球 （2）复习倒钩扣球 （3）身体素质	（1）三人至五人围圈传接球 （2）自抛自扣（倒钩扣球） （3）分组排队扣传球	初步学会自抛自扣倒钩球，结合传球掌握倒钩扣球技术

续表

周 次	教学内容	教学方法和手段	教学要求
8	（1）复习腾空外摆扣球 （2）学习腾空倒钩扣球 （3）身体素质	（1）五人至七人排队分别用腾空外摆和倒钩技术扣球 （2）安排传球好的学生进行传球	提高腾空外摆及倒钩扣球技术的熟练性
9	（1）二人或多人传接球 （2）复习腾空倒钩扣球 （3）身体素质	（1）二人或多人围圈传接球 （2）学生自抛自扣 （3）教师传球学生排队扣球	提高腾空倒钩扣球技术的熟练性
10	（1）二人或多人围圈传接球 （2）复习腾空外摆、倒钩扣球 （3）身体素质	（1）二人或多人围圈传接球 （2）学生自传自扣球 （3）教师传球学生排队扣球	进一步提高腾空外摆扣球和腾空倒钩扣球技术
11	（1）腾空外摆和倒钩扣球 （2）教学比赛 （3）身体素质	（1）教师传球学生排队扣球 （2）分组教学比赛	提高扣球技术在比赛中的应用
12	（1）腾空外摆和倒钩扣球 （2）教学比赛 （3）身体素质	（1）教师传球学生排队扣球 （2）分组教学比赛	提高扣球技术在比赛中的应用
13	（1）素质测验 （2）准备扣球技术考试 （3）教学比赛	进行身体素质测验	严格按《体质健康标准》要求进行测试
14	扣球技术考试	组织聘请专家按评分标准打分	专家按评分标准打分
15	机动		
16	理论课		

（二）辅助练习的设计

在藤球扣球技术的学习中，重点和难点包括：步伐的移动的练习；空中击球点时机的掌握；抛球的准确性和稳定性。据此笔者自行设计了藤球扣球相应的辅助练习。辅助练习包括：移动步伐辅助练习、扣球辅助练习、扣球辅助练习器、抛传球练习器。

表3　移动步伐辅助练习设计1

技术动作名称	辅助练习器具	辅助练习	作　用
边线往返移动	（1）藤球 （2）藤球场 （3）秒表	藤球场两边线往返跑（计时）。两个边线上均摆放藤球，触摸到藤球后往返2次	提高全场防守移动能力

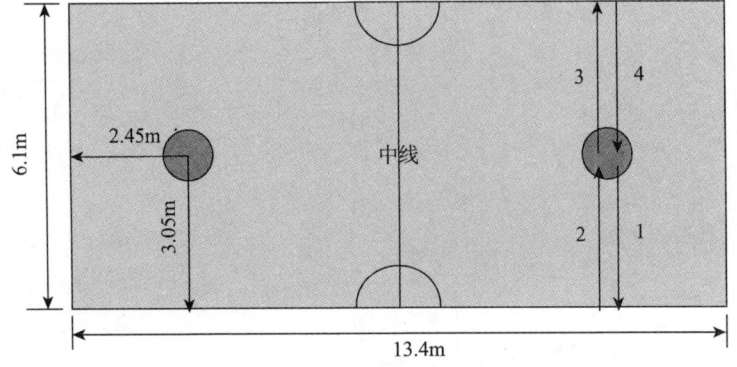

图1　边线往返跑

为了使学生在练习中有一个标准和目标，笔者特制定了边线移动评分标准。

表4　边线移动评分标准

得分	成绩（男）	成绩（女）	得分	成绩（男）	成绩（女）	得分	成绩（男）	成绩（女）	得分	成绩（男）	成绩（女）
100	6″0	7″0	75	7″0	8″0	50	8″0	9″0	25	9″0	10″0
95	6″2	7″2	70	7″2	8″2	45	8″2	9″2	20	9″2	10″2
90	6″4	7″4	65	7″4	8″4	40	8″4	9″4	15	9″4	10″4
85	6″6	7″6	60	7″6	8″6	35	8″6	9″6	10	9″6	10″6
80	6″8	7″8	55	7″8	8″8	30	8″8	9″8	5	9″8	10″8

表 5　移动步伐辅助练习设计 2

技术动作名称	辅助练习器具	辅助练习	作用
变向移动 （四角移动）	（1）藤球 （2）秒表 （3）藤球场地	在藤球场的半场内的四个角各摆放一个藤球，从发球圈开始，按顺时针或逆时针方向依次触摸半场地四角的藤球并返回发球圈	提高变向移动反应速度

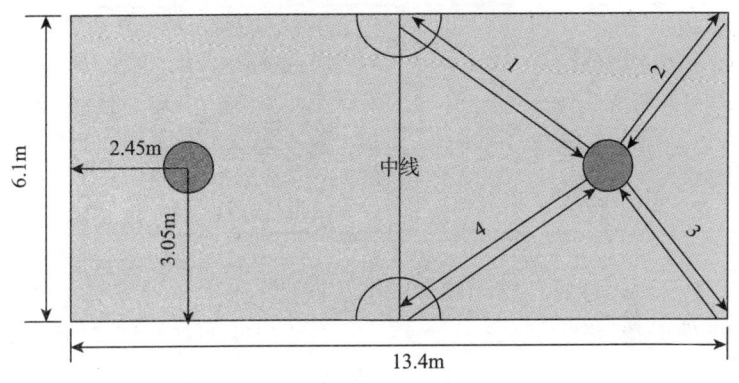

图 2　四角移动

为了给学生练习中有一个标准和目标，笔者特制定了变向移动（四角移动）评分标准。

表 6　半场变向移动评分标准

得分	成绩（男）	成绩（女）	得分	成绩（男）	成绩（女）	得分	成绩（男）	成绩（女）	得分	成绩（男）	成绩（女）
100	9″0	10″0	75	10″0	11″0	50	11″0	12″0	25	12″0	13″0
95	9″2	10″2	70	10″2	11″2	45	11″2	12″2	20	12″2	13″2
90	9″4	10″4	65	10″4	11″4	40	11″4	12″4	15	12″4	13″4
85	9″6	10″6	60	10″6	11″6	35	11″6	12″6	10	12″6	13″6
80	9″8	10″8	55	10″8	11″8	30	11″8	12″8	5	12″8	13″8

表 7　扣球辅助练习设计 1

技术动作名称	辅助练习器具	辅助练习	作用
(1) 原地起跳外摆踢打脚靶 (2) 助跑起跳外摆踢打脚靶	跆拳道脚靶	(1) 教师手持脚靶，学生原地起跳外摆踢打脚靶 (2) 教师手持脚靶，学生助跑起跳踢外摆打脚靶	体会原地起跳外摆扣球"鞭打"动作 体会助跑起跳外摆扣球"鞭打"动作

表 8　扣球辅助练习设计 2

技术动作名称	辅助练习器具	辅助练习	作用
(1) 原地起跳倒钩踢打脚靶 (2) 助跑起跳倒钩踢打脚靶	跆拳道脚靶	(1) 教师手持脚靶，学生原地起跳倒钩踢打脚靶 (2) 教师手持脚靶，学生助跑起跳踢倒钩打脚靶	体会原地起跳倒钩扣球"鞭打"动作 体会助跑起跳倒钩扣球"鞭打"动作

（三）藤球扣球练习器辅助练习设计

学生在藤球的抛球、发球、二传及扣球的技术学习过程中，经常出现踢发球击球部位不对、击球不准、抛球不到位、二传不到位、扣球击球点掌握不好等问题。根据藤球技术教学要求，为了提高藤球技术教学质量，在有限的学时内，使学生尽快掌握藤球抛球技术、二传技术及扣球技术动作，更好地提高学生学习藤球技术的积极性，有效地缩短藤球技术学习过程，起到事半功倍的效果，笔者设计了藤球扣球练习器。根据藤球场地的宽度和实际经验，扣球练习器的宽度设计为 250 厘米；通常扣球高度一般应在头顶上方 50 厘米左右，据此设计藤球扣球练习器横杆的高度为 300 厘米；将藤球固定在一个可旋转的金属连接线上，固定球的连接线可以根据身高进行高度的调节；为了便于移动，底座下方还安装了万向轮，主要材料均为金属管材（见图 3）。扣球练习器可以把藤球固定在合适的位置和高度，通过大量的反复练习，可使学生很好地掌握空中最佳击球点和扣球的整体动作，为下一步实际扣球打下基础。

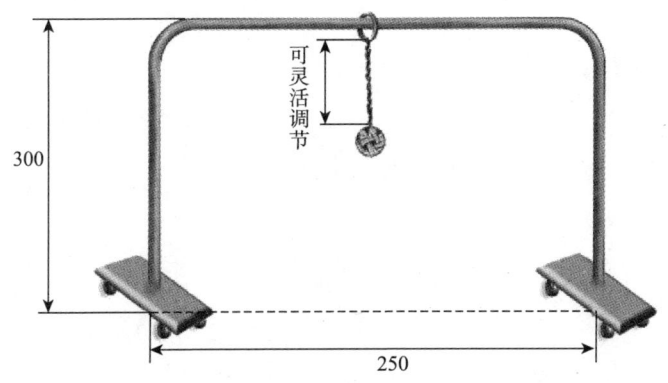

图 3　扣球练习器（单位：厘米）

表 9　扣球辅助练习设计

技术动作名称	辅助练习器具	辅助练习	作用
（1）原地起跳外摆扣固定吊球 （2）助跑起跳外摆扣固定吊球	扣球练习器	（1）学生利用扣球练习器原地起跳外摆口固定吊球	寻找体会原地起跳外摆扣球击球点和"鞭打"击球动作
		（2）学生利用扣球练习器助跑起跳外摆口固定吊球	寻找体会助跑起跳外摆扣球击球点和"鞭打"击球动作

（四）藤球二传、抛球综合练习器辅助练习设计

　　藤球的扣球需要一定高度和稳定线路的抛球，藤球网高男子为1.55米、女子为1.45米，一般高点发球需要抛球高度在发球手头顶上方50厘米左右，根据多年教学实际经验设计、制作了藤球二传、抛球综合练习器，支撑部分主要从稳定性上进行考虑，由3个直径为50厘米垂直地面的圆环和1个直径为120厘米平行地面的大环组成，为方便移动在下方安装了万向轮，制作材料为金属管材（见图4）。侧面的3个圆环用于学生练习手抛藤球的高度、弧度、线路等，通过长期反复练习可以大大提高抛球的稳定性、准确性。上方的大圆环，用于学生进行藤球二传技术的

练习，包括藤球二传的线路、高度、落点的准确性等，使用二传、抛球综合练习器可以使学生更加直观地感受抛球、传球效果。

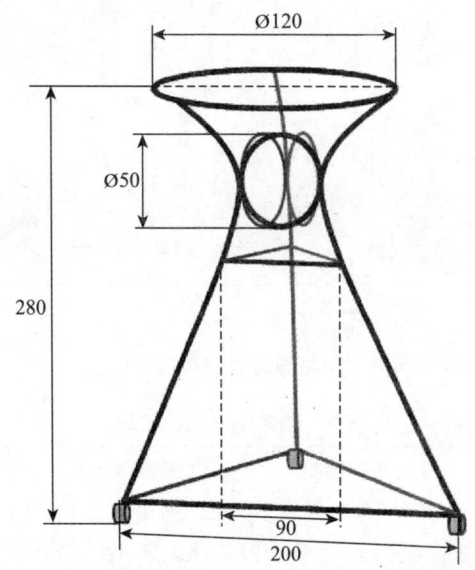

图 4　二传、抛球综合练习器（单位：厘米）

表 10　抛球综合练习设计

技术动作名称	辅助练习器具	辅助练习	作　用
抛球	二传、抛球综合练习器	利用抛、传球练习器练习抛球	体会藤球发球时抛球的用力顺序和抛球的准确性

表 11　二传综合练习设计

技术动作名称	辅助练习器具	辅助练习	作　用
脚内侧二传	二传、抛球综合练习器	学生利用抛、传球练习器练习脚内侧二传	加强提高藤球二传传球准确性和稳定性

实验指标测试：

在实验前后，利用学校的专用设备，依据《全国大学生体质测试指标》，对 4 组参与实验的学生进行数据测试，项目包括：身高、体重、肺活量、立定跳远、50 米跑、坐位体前屈。

实验前，对学生进行藤球控球技术测试，每人脚内侧踢藤球 2 次，按次数和动作进行综合考核，计分标准如下：

表 12　藤球脚内侧踢球专项技术评分分值

数　量	得　分	技术评定	数　量	得　分	技术评定
30	100	踢球动作正确，控制球平稳	10	60	踢球动作基本正确，协调性稍差
25	90	踢球动作正确，控制球较好	5	50	踢球技术动作略差，协调性差
20	80	踢球动作基本正确	2	40	踢球技术动作较差，动作不协调
15	70	踢球技术略差，动作较协调	1	20	踢球技术差，动作不协调

实验后，对学生进行藤球扣球技能测试，测试指标包括：倒钩扣球和外摆扣球的几个动作环节：准备姿势、助跑、起跳、空中击球、落地动作，以及整体动作；藤球倒钩扣球和外摆扣球线路和落点的准确性测试。

藤球扣球考评方法：对实验组和对照组学生进行藤球扣球技术动作考核时，聘请 3 名藤球专家，实验情况同样对专家保密，进行专家评分，成绩取 3 个专家的平均分的整数值（四舍五入）；同时授课教师在体育委员的配合下，进行藤球扣球线路和准确性专项统计打分。

专家藤球扣球技术动作评分办法：藤球运动的扣球技术，无论采用何种方法扣球，其动作结构都是由准备姿势、助跑起跳、空中击球、落地 4 个部分组成。在实验中为了方便分析学生扣球技术掌握程度，在扣球技术动作中增加了整体动作，倒钩扣球和外摆扣球各测试 5 个。专家评分考评是聘请 3 位具有丰富藤球技战术经验的专家，根据扣球技术动作结构，按技术动作结构的 5 个部分进行打分，每部分分值为 20 分，总分 100 分。专家评分标准见下表 13。

表 13　扣球动作专家评分标准

动作名称	准备姿势（20 分）	助跑起跳（20 分）	空中击球（20 分）	落地（20 分）	整体动作（20 分）
倒钩扣球	准备姿势正确自然放松，重心在两腿之间，身体处于微动状态，随时可以向各个方向移动	助跑启动迅速快，移动步伐好，方向选择正确。起跳时好，起跳动作有力协调，人与球位置合理	空中姿态好，击球动作协调有力，击球点高，鞭打动作明显有力	着地技术动作合理，落地轻，能够自我保护，落地后迅速成准备姿势，转换下一技术动作	动作流畅、自然、协调。扣球线路、落点好
外摆扣球	准备姿势正确自然放松，重心在两腿之间，身体处于微动状态，随时可以向各个方向移动	助跑启动迅速快，移动步伐好，方向选择正确。起跳时好，起跳动作有力协调，人与球位置合理	空中姿态好，击球动作协调有力，击球点高，鞭打动作明显有力	着地技术动作合理，落地轻，能够自我保护，落地后迅速成准备姿势，转换下一技术动作	动作流畅、自然、协调。扣球线路、落点好

藤球扣球线路和准确性专项打分考核办法：藤球扣球线路和准确性技术专项考试评分是根据学生每次扣球的线路和落点准确性进行区域划分予以量化，其量化的标准是根据请教咨询国内的资深藤球专家的结果和本人多年的藤球教学经验而确定的。在藤球场半场区域内，以两边线中点连线和底线与中线中点连线的交点为圆心，分别以 60 厘米、120 厘米、180 厘米、240 厘米为直径画同心圆。和半场边界线分别组成一个圆、三个环形以及一个外方内圆的五个区域，由里向外分别由 A、B、C、D、E（见图 5）表示，得分分别是 10 分、8 分、6 分、4 分、2 分，界外为 0 分。在藤球扣球线路和准确性专项技术考核时，每个学生需测试腾空外摆扣球和腾空倒钩扣球两种方法各 5 个，教师进行计分统计。

在藤球扣球技术辅助练习实验前后，学生的学习兴趣依据大

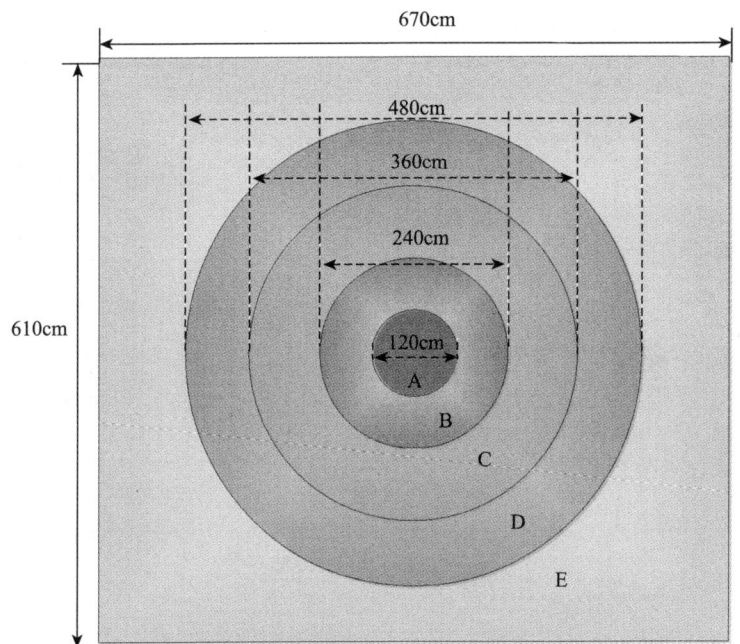

图 5 藤球扣球线路和准确性技术专项考试评分区域图

学生体育学习兴趣水平评价量表进行测试。

在藤球扣球技术辅助练习实验前后，则是依据学生自我评价表进行测试。

二、研究结果与分析

（一）实验前测结果与分析

1. 实验组和对照组学生身体素质测试结果与分析

为保证实验的有效性，实验前，对选修藤球（三）的所有学生进行了身体素质和藤球技术、藤球课程兴趣的测试。

（1）实验组与对照组男生身体素质比较。

表 14 实验组与对照组男生身体素质结果比较

项 目	组 别	X	S	t	p 值
身高	实验组	175. 3137	39. 74 029	-0. 12 906	0. 8981
	对照组	175. 6056	50. 44 879		

续表

项 目	组 别	X	S	t	p 值
体重	实验组	67. 75	92. 11 794	- 0. 59 513	0. 5557
	对照组	69. 7	101. 1306		
肺活量	实验组	3496. 444	151 471. 4	- 1. 5154	0. 1389
	对照组	3690. 389	143 354. 5		
立定跳远	实验组	226. 5	320. 8529	- 0. 33 299	0. 7412
	对照组	228. 5	328. 5		
50 米跑	实验组	8. 261 111	0. 318 987	0. 065 196	0. 9484
	对照组	8. 25	0. 203 824		
坐位体前屈	实验组	10. 67 778	16. 79 595	0. 2244	0. 8238
	对照组	10. 37 222	16. 57 859		

实验前对男生实验组和对照组身体素质进行比较，p 值均明显大于 0. 05，说明抽样的两组学生身体素质无明显差异，保证了实验前的同质性。

（2）实验组与对照组女生身体素质比较。

表 15　实验组与对照组女生身体素质结果比较

项 目	组 别	X	S	t	p 值
身高	实验组	163. 9889	25. 41 399	0. 88 677	0. 3815
	对照组	162. 5833	19. 80 735		
体重	实验组	55. 12 222	27. 38 183	0. 27 346	0. 7862
	对照组	54. 66 111	23. 79 781		
肺活量	实验组	2520. 722	59 162. 8	- 1. 7702	0. 08 575
	对照组	2657. 667	48 566. 12		
立定跳远	实验组	164. 2222	73. 24 183	- 0. 05 544	0. 9561
	对照组	164. 3889	89. 4281		
50 米跑	实验组	9. 405 556	0. 342 908	- 0. 14 398	0. 8864
	对照组	9. 433 333	0. 327 059		

续表

项　目	组　别	X	S	t	p 值
坐位体前屈	实验组	14. 07 778	3. 684 183	0. 027 753	0. 978
	对照组	14. 06 111	2. 807 222		

实验前对女生实验组和对照组身体素质进行比较，p 值均明显大于 0. 05，说明抽样的两组学生身体素质无明显差异，保证了实验的同质性。

2. 实验组和对照组学生藤球运动技能测试结果与分析

实验前实验组和对照组学生均没有学习过外摆和倒钩扣球技术，零起点，基础相同，藤球外摆和倒钩扣球技术无差异。

另外，为避免因学生藤球控球技术差异太大和兴趣的不同影响实验，实验前先对学生进行了藤球专项控球技术测试，选取了控球技术大致相同的学生进行了分组。因为是自选课程，学生都是自愿选择藤球课程，随后，对学生进行了藤球课程兴趣调研，统计表明，实验组和对照组学生在对藤球的技术和课程的兴趣上无显著性差异，保证了实验的有效性和统一性。

表16　实验组和对照组学生体育动机兴趣和学生自评统计结果

变　量	组　别	平均数	标准差	t	p 值
体育动机兴趣	实验组	66. 8	0. 714	2. 611	0. 25
	对照组	67. 3	0. 687		

实验前对实验组和对照组动机与兴趣进行比较，p 值均明显大于 0. 05，说明抽样的两组学生学习动机兴趣无明显差异，保证了实验的同质性。

（二）实验后测试结果与分析

经过16周的藤球扣球教学实验，对实验组和对照组分别采用辅助练习和传统教学法均选择倒钩扣球和外摆扣球两个基本技术进行教学，测试考核选择了专家对藤球扣球技术动作进行评分，与教师对藤球扣球线路和落点准确性专项技术评分相结合的测试方式，计算出学生的倒钩扣球和外摆扣球的各项成绩。同时对所有学生进行了身体素质测试，通过计算机处理数据，对实验组和对照组结果进行对比分析。

1. 实验组和对照组学生身体素质测试结果与分析

（1）实验组与对照组男生身体素质比较。

表 17 实验组与对照组男生身体素质结果比较

项 目	组 别	t	p 值
身高	实验组	− 0. 32 542	0. 7469
	对照组	− 0. 0353	0. 972
体重	实验组	0. 6158	0. 5422
	对照组	0. 058 347	0. 9538
肺活量	实验组	− 1. 6596	0. 1062
	对照组	− 0. 55 784	0. 5806
坐位体前屈	实验组	− 1. 8959	0. 06 657
	对照组	− 1. 0514	0. 3005
立定跳远	实验组	− 0. 57 916	0. 5663
	对照组	− 0. 15 656	0. 8765
50 米跑	实验组	1. 6463	0. 1089
	对照组	1. 3605	0. 1827

表 18 实验组与对照组男生身体素质平均值结果比较

项 目		身高 $\overline{X}$	体重 $\overline{X}$	肺活量 $\overline{X}$	坐位体前屈 $\overline{X}$	立定跳远 $\overline{X}$	50 米跑 $\overline{X}$
实验组	实验前	175. 3167	67. 75 000	3496. 444	10. 67 778	226. 5000	8. 261 111
	试验后	175. 9611	65. 86 111	3712. 778	13. 39 444	229. 9444	7. 950 000
对照组	实验前	175. 6056	69. 70 000	3690. 389	10. 37 222	228. 50 000	8. 250000
	试验后	175. 6889	69. 50 556	3760. 778	11. 82 222	229. 4444	8. 038 889

将男生实验组与对照组实验前后身体素质进行比较，p 值均大于 0.05，因为实验时间较短，实验对男生身体素质的影响不显著。但是，从实验前后的平均数值可以看出，实验组和对照组的身高、体重、肺活量、体前屈，立定跳远、50 米跑成绩均稍有提高，实验组身体素质的提高优于对照组。

（2）实验组与对照组女生身体素质比较。

表 19　实验组与对照组女生身体素质结果比较

项　目	组　别	t	p 值
身高	实验组	− 0.0532	0.9579
	对照组	− 0.05 269	0.9583
体重	实验组	0.0765	0.9395
	对照组	0.041 584	0.9671
肺活量	实验组	− 1.7329	0.09 217
	对照组	− 0.63 999	0.5265
坐位体前屈	实验组	− 0.44 829	0.6569
	对照组	− 1.444	0.1579
立定跳远	实验组	− 1.343	0.1882
	对照组	− 0.6538	0.5176
50 米跑	实验组	1.6625	0.1056
	对照组	1.4448	0.1577

表 20　实验组和对照组女生身体素质平均值结果比较

项　目		身高 $\bar{X}$	体重 $\bar{X}$	肺活量 $\bar{X}$	坐位体前屈 $\bar{X}$	立定跳远 $\bar{X}$	50 米跑 $\bar{X}$
实验组	实验前	163.9889	55.12 222	2520.722	14.07 778	164.2222	9.405 556
	试验后	164.0778	54.9889	2662.389	14.40 000	168.0 000	9.083 333
对照组	实验前	162.5833	54.66 111	26.57 667	14.06 111	164.3889	9.433 333
	试验后	162.6611	54.59 444	2705.611	14.85 556	166.4444	9.161 111

将女生实验组与对照组实验前后身体素质进行比较，p 值均大于 0.05，因为实验进行的时间较短，实验对女生身体素质的影响不显著。但是，从实验前后的平均数值可以看出，实验组和对照组的身高、体重、肺活量、体前屈，立定跳远、50 米跑成绩均稍有提高，实验组身体素质的提高优于对照组。

2. 实验组和对照组学生藤球运动技能测试结果与分析

（1）藤球扣球技术完整性测试结果与分析。

①男生实验组和对照组技术动作完整性成绩比较。

表 21　男生实验组和对照组技术动作完整性成绩比较

技术名称	组　别	$\overline{X}$	s	t	p 值
倒钩扣球	实验组	87. 22 222	24. 53 595	5. 6805	2. 674E - 06
	对照组	78. 7778	16. 14 706		
外摆扣球	实验组	84. 72 222	21. 03 595	6. 8654	6. 99E - 08
	对照组	74. 72 222	17. 15 359		

E - 07 代表 10 的负 7 次方，因此 p 值几乎为 0，说明实验组与对照组实验后技术动作完整性有明显差异。

②女生实验组和对照组技术动作完整性成绩比较。

表 22　女生实验组和对照组技术动作完整性成绩比较

技术名称	组　别	$\overline{X}$	s	t	p 值
倒钩扣球	实验组	76. 77 778	31. 41 176	5. 1182	1. 27E - 05
	对照组	67. 44 444	28. 96 732		
外摆扣球	实验组	80. 33 333	25. 71 242	5. 3387	6. 27E - 06
	对照组	70. 55 556	34. 14 379		

对男生和女生实验组和对照组的动作完整性成绩进行比较，p 值均接近 0，说明实验组与对照组实验后技术动作完整性有明显差异。

（2）藤球扣球技术动作各环节测试结果与分析。

①男生实验组和对照组扣球技术动作各环节测试成绩比较

（外摆扣球）。

表23 男生实验组和对照组扣球技术动作各环节
测试成绩比较（外摆扣球）

动作结构名称	组 别	$\overline{X}$	s	t	p 值
准备姿势	实验组	17.05 556	2.055 555 556	2.3669	0.02 493
	对照组	16.11 111	0.810 457 516		
助跑起跳	实验组	17.05 556	0.996 732 026	3.808	0.0 005 795
	对照组	15.88 889	0.692 810 458		
空中击球	实验组	16.77 778	1.477 124 183	8.1537	3.126E−09
	对照组	12.83 333	2.735 294 118		
落地	实验组	16.77 778	0.888 888 889	5.4044	5.24E−06
	对照组	15.00 000	1.058 823 529		
整体动作	实验组	17.16 667	2.5	4.9832	2.24E−05
	对照组	14.77 778	1.712 418 301		

p 值均小于0.05，说明实验组与对照组实验后技术动作各环节成绩均有显著差异。

②男生实验组和对照组扣球技术动作各环节测试成绩比较（倒钩扣球）。

表24 男生实验组和对照组扣球技术动作各环节
测试成绩比较（倒钩扣球）

动作结构名称	组 别	$\overline{X}$	s	t	p 值
准备姿势	实验组	17.111 111	1.869 281 046	1.8225	0.07 811
	对照组	16.38 889	0.95 751 634		
助跑起跳	实验组	17.55 556	0.732 026 144	5.134	0.00 001 153
	对照组	16.11 111	0.692 810 458		
空中击球	实验组	17.72 222	1.977 124 183	6.8772	6.545E−08
	对照组	14.38 889	2.251 633 987		

续表

动作结构 名称	组　别	X̄	s	t	p 值
落地	实验组	17. 16 667	0. 852 941 176	1. 2276	0. 2287
	对照组	15. 77 778	1. 241 830 065		
整体动作	实验组	17. 55 556	2. 026 143 791	5. 5377	0. 000 003 931
	对照组	15. 16 667	1. 323 529 412		

准备姿势和落地的成绩 p 值大于 0. 05，说明实验前后无显著差异。但助跑起跳、空中击球和整体动作的成绩实验组明显高于对照组（p 小于 0. 05）。

③女生实验组和对照组扣球技术动作各环节测试成绩比较（外摆扣球）。

表 25　女生实验组和对照组扣球技术动作各环节
测试成绩比较（外摆扣球）

动作结构 名称	组　别	X̄	s	t	p 值
准备姿势	实验组	17. 16 667	1. 006 535 948	4. 1231	0. 0 002 414
	对照组	15. 66 667	0. 95 751 634		
助跑起跳	实验组	16. 50 000	1. 035 947 712	2. 5211	0. 01 665
	对照组	15. 55 556	1. 594 771 242		
空中击球	实验组	14. 88 889	3. 241 830 065	4. 1927	0. 0 001 903
	对照组	12. 66 667	2. 418 300 654		
落地	实验组	15. 55 556	1. 349 673 203	3. 5416	0. 001 286
	对照组	14. 33 333	1. 830 065 359		
整体动作	实验组	16. 00 000	1. 359 477 124	6. 4096	3. 23E − 07
	对照组	12. 55 556	3. 388 888 889		

p 值均小于 0. 05，说明实验组与对照组实验后技术动作各环

节成绩均有显著差异。

④女生实验组和对照组扣球技术动作各环节测试成绩比较（倒钩扣球）。

表 26　女生实验组和对照组扣球技术动作各环节
测试成绩比较（外摆扣球）

动作结构 名称	组　别	X̄	s	t	p 值
准备姿势	实验组	16. 7778	1. 441 176 471	3. 5319	0. 001 211
	对照组	15. 61 111	0. 941 176 471		
助跑起跳	实验组	16. 27 778	1. 088 235 294	2. 7611	0. 009 393
	对照组	15. 22 222	1. 437 908 497		
空中击球	实验组	13. 22 222	2. 928 104 575	3. 5666	0. 00 112
	对照组	11. 22 222	2. 117 647 059		
落地	实验组	15. 05 556	0. 732 026 144	3. 0402	0. 004 586
	对照组	13. 77 778	1. 411 764 706		
整体动作	实验组	15. 22 222	2	6. 8145	1. 84E - 07
	对照组	11. 72 222	3. 202 614 379		

p 值均小于 0. 05，说明实验组与对照组实验后技术动作各环节成绩均有显著差异，实验效果明显。

（3）藤球扣球技术扣球线路和落点正确性测试结果与分析。

①男生实验组和对照组扣球技术扣球线路和落点准确性成绩比较。

表 27　男生实验组和对照组扣球技术扣球线路和落点准确性成绩比较

动作结构 名称	组　别	X̄	s	t	p 值
整体动作	实验组	40. 77 778	18. 88 889	6. 1613	5. 41E - 07
	对照组	31. 55 556	21. 43 791		

p 值小于 0. 05，表明实验组与对照组对比，实验后效果

明显。

②女生实验组和对照组扣球技术扣球线路和落点准确性成绩比较。

表28 女生实验组和对照组扣球技术扣球线路和落点准确性成绩比较

技术名称	组　别	$\bar{X}$	s	t	p 值
扣球	实验组	35. 55 556	26. 61 438	5. 3503	6. 46E－06
	对照组	27. 00 000	19. 41 176		

通过实验组和对照组的扣球技术扣球线路和落点准确性成绩比较可以看出，p 值接近 0，说明实验后的成绩有明显差异。

（4）学生学习藤球扣球技术兴趣和自评检验结果与分析。

实验中对实验组和对照组学生学习兴趣、课程评价和自我评价进行了问卷调查，结果如下：

表29 实验组和对照组学生体育动机兴趣和学生自评统计结果

变　量	组　别	平均数	标准差	t	p 值
体育动机兴趣	实验组	76. 8	1. 512	3. 502	0. 025
	对照组	52. 3	0. 981		
学生自评	实验组	14. 1	0. 868	2. 462	0. 008
	对照组	11. 2	0. 519		

本次统计样本数 36，体育动机兴趣 $p < 0.05$；学生自评 $p < 0.01$。

另外，在喜欢上藤球课的调查中，实验组学生的喜欢程度明显高于对照组学生。

在对学生通过学习藤球课后，对于体育课的感受的调查中，在学生的自信心和成功体验上，实验组也明显高于对照组。

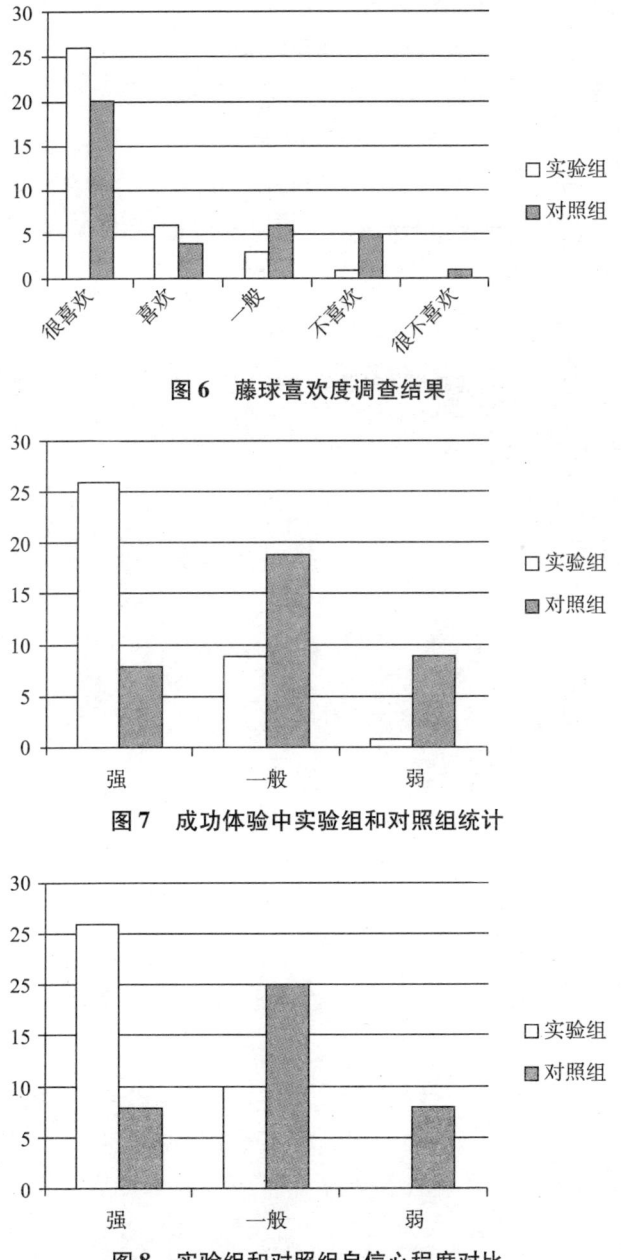

图6　藤球喜欢度调查结果

图7　成功体验中实验组和对照组统计

图8　实验组和对照组自信心程度对比

此外，在对藤球课的感受调查中，实验组的愉快程度也明显高于对照组。

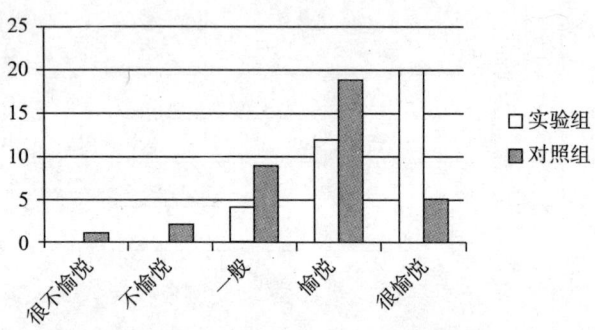

图 9　实验组和对照组体育课后愉悦程度对比

多师同堂面对硕士研究生授课研究

——基于我校多师同堂授课教改实践

◎赵红梅 *

摘　要：我校面对硕士研究生开设课程的主导教学模式是传统的一师授课，间或有些课程的教学模式为多师不同堂授课。多师同堂授课模式可有效弥补一师授课和多师不同堂授课模式的缺陷。但在我校的研究生教学中，长期以来多师同堂授课极为寡见。此景象的出现与我校现行的研究生教学规章制度不承认其合规性或不鼓励其存在密切相关。多师同堂授课有利于拓展研究生们理论学习的广度与深度、能更好地向研究生们展示理论研究的思辨与表达范例、对提升教师教学与科研水平有很大助益。故在我校未来的研究生教学中，可在扩大试点的基础上不断总结经验和教训，逐步推行多师同堂授课模式。

关键词：多师同堂　硕士研究生　教改实践

---

　*　赵红梅，中国政法大学民商经济法学院教授。本文系笔者为负责人的 2016 年立项的中国政法大学研究生教改课题"多师同堂面对研究生授课研究"阶段性成果。

一、多师同堂授课的内涵和在我国法学教育中的实践

我国有学者已对"多师同堂"教学模式做了一些有价值的研究探索。藉此，可将"多师同堂"教学模式（Team Teaching，简称 T. T）的内涵理解为：由多名教师组成教学团队，在同一课堂上共同承担教学任务。[1] 其中"多师"的具体数量视学校的师资力量和该门课程的内容需要等因素而定，在目前各大高校的实践中，以两名教师（"双师制"）或 3 名教师为主，比较少见 3 名以上教师的团队。

在我国法学教育中较早引入"多师同堂"教育模式的是西南政法大学，该校校长付子堂教授将"多师同堂"模式的内涵界定为"由 3 名或 3 名以上来自不同学科背景的教师组成协同教学团队，共同分担同一门大学本科或研究生教学任务，开展共同授课的研讨式教学模式。"[2] 该校在"多师同堂"的内涵中强调教学团队由"来自不同学科背景"的教师组成这一特点，考察西南政法大学采用"多师同堂"教学模式的具体课程形式，可以看出该校这样界定"多师同堂"内涵的合理性。该校的"多师同堂"教学模式主要是在"案例课程"及"探讨课程"中应用，因为"案例课程"所追求的目标是"提高学生综合运用实体法和程序法知识解决实际问题的能力"[3]，注重培养学生理论联系实际，并最终落实到实践中的能力。以该校的"民事诉讼疑难案例课程"为例，教师团队的不同学科背景表现为其由主讲实体法和程序法的老师组成，其中，不仅仅是将讲授民事实体法教师与民事诉讼法教师进行组合，还会根据案例内容，对既涉及民事法律关系，又与刑事案件、行政案件相互交叉的案例，组织民法学科、

---

〔1〕 参见姜炳生：《关于 Team Teaching 本土化问题的研究》，载《天水师范学院学报》2004 年第 3 期。

〔2〕 付子堂：《构建"多师同堂"协同教学模式》，载《中国教育报》2013 年 2 月 25 日。

〔3〕 张玉敏、刘有东：《双师同堂解析民事案例——案例教学模式的新尝试》，载《海南大学学报（人文社会科学版）》2010 年第 5 期。

刑法学科与民事诉讼法学科的教师共同组成教学团体，以实现对知识的融会贯通。[1] 此外，在综合类高校或以理工类专业为优势的高校中，法学专业教育的课程中应用"多师同堂"的教学模式，更多的是结合其自身教师资源优势，由来自不同学科背景的教师组成教学团队，在开展法学教育的同时，运用"多师同堂"的模式来拓宽学生接触的知识广度。其开展的课程形式也以"案例课程""研讨课程"为主。例如，南昌航空大学在知识产权法课程中对"多师同堂"教学模式的具体应用，其将"多师"确定为一名法学专业教师，一名为其他与知识产权相关的教师，如电子、信息、机械、化学、计算机等专业教师。[2]

通过对"多师同堂"教学模式在我国高校法学教育中实践的分析，我们可以发现"多师同堂"的模式多被应用在"案例课程"或"研讨课程"中，其以扩宽学生知识面、提高学生理论联系实际能力为主要教学目标，故而该类教学实践所得出的关于"多师同堂"教学模式内涵的定义，多强调教学团队由"来自不同学科背景"的教师组成这一特点。

二、我校硕士研究生授课的主导教学模式

在我校，面向硕士研究生开设课程的主导教学模式是传统的一师授课，间或有些课程的教学模式为多师不同堂授课。

一师授课是指每门课程由 1 位教师自始至终完成授课任务。其优势是：教师可根据自己的学术研究偏好对其所讲授课程或做系统性阐释或做专题式讲解，一般能做到授课内容体系前后连贯，充分展现该教师的学术研究特色。其劣势是：因我校基本实行硕士研究生自由选课制，若 1 门课程由数名教师同时开设，则研究生们选定 1 名教师的课程并实际听课后，他们研习到的知识

---

〔1〕 参见王杏飞：《"多师同堂"协同教学模式的路径透析》，载《黑龙江高教研究》2014 年第 8 期。

〔2〕 参见李杨、熊莹：《双师互动式教学方法在知识产权法课程中的应用》，载《理论导报》2010 年第 8 期。

和理论很可能是片面的（带有该教师学术研究的偏好色彩），这样他们就无法研习到该门课程所涉及学科领域知识和理论的全貌以及其他授课教师的理论体系。这在我校经济法学硕士研究生专业课教学中表现得尤为突出。比如经济法学专业学位课"经济法理论"，前几年连续出现 6～7 位教师同一学期竞相开设 4～5 个课头的情况，而经济法学科的特点决定了目前并无成熟且被普遍公认的基础理论。待到学位论文评阅、答辩时，教师们就很容易发现，研究生们写作硕士论文依据的经济法基础理论不但五花八门还可能偏于一隅。有的经济法学硕士研究生为了自行弥补前述缺陷，只得将排课时间不发生的冲突的所有"经济法理论"课头都听一遍。

多师不同堂授课是指每门课程由 2 位以上教师按课前排定的前后顺序依次完成授课任务。其优势是：可部分弥补一师授课的前述缺陷，研究生们得以了解对该门课程所涉及领域有深入研究的数位教师的理论观点。其劣势是：首先，若多师不同堂授课的教师人数较多（比如我校的某法学专业的一门学位课有一学期竟然安排 8 位教师接力授课），在一个课头中每位教师的授课时数必定很短，其根本没办法展开阐述各自的完整理论体系，往往是"你方唱罢我登场"，研究生们通过听课对该课程所涉及学科领域知识和理论的了解都是碎片化不成体系的；其次，不同授课教师之间没有形成探讨交锋，他们有可能在课堂上系各说各话、自说自话。有部分研究生反映，若论学习体会和收获，多师不同堂授课往往比一师授课还要差。

多师同堂授课模式可有效弥补前述一师授课和多师不同堂授课模式的缺陷。但在我校的研究生教学中，长期以来多师同堂授课极为寡见（偶有某门课程的授课教师为使学生开阔视野，外请其他校内外学者或实务界人士主讲一两次课，授课教师则在场旁听），而某门课程自始至终多师同堂授课甚至可以说从来未见。此景象的出现与我校现行的研究生教学规章制度不承认其合规性或不鼓励其存在密切相关。其实，笔者若干年前就与我校的几位教师酝酿过尝试采取多师同堂授课的教学方式，但教师们认为这样做的主要障碍在于两方面：其一，若排课选课时某门课程由多位教师竞相开设多个课头，实际授课时再由这几位教师私下合并在同一教室上课，每位教师都分别被计算总课时的教学工作量，则明显属于违规教学行为，做不得。其二，若排课选课时，某门课程由多位教师以接力授课的方式报一个课头，实际授课时再转由这几位教师自始至终同堂授课，虽不属于违规教学行为，但每位教师都只能被计算总课时若干分之一的教学工作量（明显吃亏），一般教师肯定不愿做此尝试。

三、笔者参与的我校硕士研究生多师同堂授课教改实践

2015—2016 学年和 2016—2017 学年，笔者与我校几位教师共同在我校经济法学硕士研究生专业学位课"经济法理论"（54 学时）与选修课"消费者法"（36 学时）中开展了多师同堂授课教学模式的探索，由来自相同专业背景——经济法学专业的教师（副教授及以上职称）组成教师团队，共同开展教学活动。

2015 年 4 月，经 A 教授倡议，笔者和 B 教授同意，三位教师决定于 2015—2016 学年第一学期我校经济法学专业硕士研究生学位课"经济法理论"尝试进行多师同堂授课教改实践。具体开设情况为：学生选课时名义上仅以笔者作为授课教师开设该门课程；实际开课时除笔者到课堂讲授外，A 教授、B 教授也自愿不计教学工作量和课时费到课堂授课。2015 年暑假期间，笔者起草出了详细的"经济法理论"多师同堂授课教学大纲，经与 A 教授、B 教授反复磋商最终定稿，还聘请了经济法学专业博士研究生 C 同学担任教学助理。2015 年 9 月至 2016 年 1 月，"经济法理论"自始至终由三位教师同堂授课，C 同学做了全程录像。

2016 年 9 月—11 月，在笔者的倡议下，D 副教授与笔者合作，在我校经济法学专业硕士研究生选修课"消费者法"课程上再次进行多师同堂授课教改实践。D 副教授为开课人，笔者自愿不计教学工作量和课时费到课堂授课，还聘请了经济法学专业硕

士研究生 E 同学、F 同学担任教学助理。

在多师同堂授课教改实践中，主要倾向于激发"多师"教学团队的活力，弥补"单师"教学"一家之言"的缺陷。同时，兼顾"多师同堂"教学模式自身的互动性、互补性特征，在教师团队讲授之后，由学生进行当堂反馈，提出问题或结合自身所学对授课内容进行评价。在前述两门课程中，根据教师团队组成人数和课程内容的不同，对具体授课流程作出以下安排：

"经济法理论"课程的教师团队由与 A 教授、B 教授和笔者 3 人组成，18 周课程，每次课 3 学时的具体流程安排是：先由每位教师根据教学大纲依次阐述自己的理论见解，然后 3 位教师相互之间展开探讨、针对某一问题展开辩论，再后由研究生们提问或作出分析阐述，3 位教师给予回应，最后由一位教师做总结陈述。

"消费者法"课程的教师团队由 D 副教授与笔者两人组成，9 周课程，每周 4 学时的具体安排是：先由 D 副教授根据教学大纲进行授课，然后笔者就 D 副教授讲授的内容与观点提出自己的看法，两位教师展开探讨、辩论，针对某一交锋点，由教师与学生共同讨论，最后由两位教师给予回应。

四、从笔者参与的我校硕士研究生多师同堂授课教改实践看多师同堂授课的价值

（一）有利于拓展研究生们理论学习的广度与深度

在笔者参与的我校硕士研究生多师同堂授课教改实践中，多师同堂授课可以更好地拓宽研究生们的知识面，只不过这里的"知识面"与跨学科、跨理论与实践的广阔"知识面"相比，更精准地集中在该门专业理论课程的范围之中，确保了让研究生们接触这一专业领域更丰富理论研究成果的同时，避免了因范围"跨界"而可能带来的"泛泛而谈"。如在"经济法理论"课堂上，聚焦于"经济法的定位"这个问题，3 位教师向研究生们分别介绍了学界现有的"利益说"、"调整对象说"、"规范对象说"（"行为说"），并分别详细阐述了自己所持的其中"一说"的具

体理由。在这一问题上，3 位教师为研究生们当堂展示了丰富而精细化的学说立场，极大地拓展了研究生们在该理论学习上的视野。

而研究生们理论学习的深度，则从接下来教师之间的探讨、辩论环节中进一步得以加强。如果说"知其然"为求"广"，那么"知其所以然"就可谓是理论教学所探求的"深"，观点众多如"百花齐放"，而观点间的"碰撞"才能点燃名为创造力的崭新"花火"。在课堂的这一环节，教师团队的成员间展开了如"华山论剑"一般的对决，用学术理论和研究方法的交锋为研究生们揭开理论研究表层的面纱，真正引领其向理论更深处探索。如在"经济法理论"课堂上，3 位教师间对"经济法与行政法关系"的认识出现了较大分歧，在教师间的辩论环节，针对 B 教授所持的"将行政法定位为控权法，而经济法则是赋权法——赋予政府调控经济权力的法""行政法主要是程序法，而经济法作为实体法"的观点，笔者从"行政法是否都是控权法、程序法"入手与 B 教授进行商榷，提出"任何权力都必须通过法律赋予，否则行政机关不得享有和行使任何权力。因此，行政法要控权又要有行政权的授予与定位，而不能将二者割裂开来。行政法除了'控权'以外，它包括所有调整行政机关权力和职能的法律制度和原则"的观点，以及"行政法既包括具体权力义务内容，也包括行使实体法所要遵循的程序，因此，不能简单将行政法视为'主要为程序法'"。诸如此类的观点碰撞，不仅引发了听课研究生们的头脑风暴，更促使他们更加集中精力来参与课堂的思考，据听课研究生们的课下反映，尤其到了 3 位教师"过招"的环节，自己会更加聚精会神。"多师同堂"教学模式在一定程度上降低了研究生们听课走神发生的概率。

（二）能更好地向研究生们展示理论研究的思辨与表达范例

在笔者参与的我校硕士研究生多师同堂授课教改实践中，教师团队以身作则，向研究生们具体展示了理论研究的思辨与表达范例，有助于对学生思辨能力和表达能力的培养和提高。思辨能力就是对事物进行思考辨析能力，即指人能够通过开展分析、推理等思维活动，对事物的内涵、类别等进行辨别分析的能力。表达能力即通过思考后向外界传递自我观点的能力，包括口头表达能力与书面表达能力。思辨能力和表达能力是学生在接受研究生教育阶段须着重培养的能力。研究生提高自身思辨能力和表达能力的途径有很多，通过广泛阅读进行自学，通过参加辩论性质的"研讨课程"自行摸索，都是途径。与让研究生们在不断"试错"的模式中自行摸索不同，通过"多师同堂"的教学模式，由教师团队正面向研究生们展示几经考验的思辨与表达范例，更为直观地呈现思辨的过程和语言表达的交互性，"授人鱼"的同时亦能实现"授人以渔"，为研究生思辨能力和表达能力的培养和提高提供了有效的路径。

更为重要的是，教师团队向研究生们具体展示了理论研究的思辨与表达范例，不仅仅是对后者学术科研思想和方法的传授，其中还彰显着前者自身学术科研精神和为人处世的原则。具体而言，这些精神和原则表现在：教师们论辩中温文尔雅的举止，严谨而不失风趣的言语，尊重而谦和的态度等，这些优秀的品质，在"多师"的辩论争锋中，形象鲜明地展现在学生面前，对研究生们人格塑造产生潜移默化的正向引导。在实现"立德树人、德法兼修"这个目标上，"多师同堂"展现出比"单师"讲授更为深远的意义。

（三）对提升教师教学与科研水平有很大助益

在笔者参与的我校硕士研究生多师同堂授课教改实践中，"多师同堂"教学模式在讲授课程中的应用，首先需要教师团队的成员具备较为深厚的理论研究积淀和较为突出的教学水平，同时，教师在参与"多师"授课的过程中，其思辨和表达能力在实践中亦能得到进一步锻炼提升，有助于其提高自身教学工作水平，更好地担负起高校教师的重任。

同时，"多师同堂"教学模式，打破了"单师"授课时教师自说自话、闭门造车的局面，为教师们在科研层面的深度交流提供更好的空间、营造更好的氛围，教师们在课堂的交流和碰撞中，既能够纠正自己对其他教师理论研究成果的曲解，也能够发现自身理论构建的缺陷，进而促使自身的理论体系得到完善。

五、对我校未来多师同堂面向研究生授课的几点建议

（一）关于多师同堂授课适用的课程类型

本文认为，多师同堂授课应当首先在硕士研究生专业学位课、限选课和一般选修课中开展，并且主要应当集中在专业学位课中开设，而公共课和补修课则不适宜开设。

（二）关于多师同堂授课教师人数的上下限

本文认为，多师同堂授课的教师（含校内教师和校外专家）应当设定为 2～4 人，具体人数可根据课程性质和具体学科领域的实际情况进行调整。

（三）关于多师同堂授课方式

本文认为，多师同堂授课宜采取辩论式或研讨式方式进行，不宜采取以下的方式进行：由一位校内教师或校外专家主讲，其他校内教师或校外专家仅仅以旁听者身份到场，在主讲者讲解后随意评议附和几句。因为这根本就没有达到多师同堂授课的目的，也称不上是本文所论的"多师同堂授课"。

（四）关于多师同堂授课如何选课

研究生们直接选"多师同堂"授课这一个课头，还是先针对不同教师分别选其所选的同课程不同课头再由多师合并在同一间教室同堂授课？本文认为，如果我校未来的研究生教学规章制度承认多师同堂授课的合规性，则宜在选课系统中单独增设一类多师同堂类课程，注明开课形式和开课教师，由研究生们直接选择该类课程。

（五）关于多师同堂授课课前准备和课后总结及程序

本文认为，为保障多师同堂授课课程的教学质量，应当要求校内教师于开课前提供授课计划、研讨大纲和/或于开课后提供授课总结，并设定前述教学文件需经过所在学院或研究生院批准

或备案及/或在相关网站公示的特殊程序。教师应该在课前将授课计划、研讨大纲等提供给选课研究生们,以便其能够提早进行准备与学习。

(六)关于多师同堂授课课时量计算和课时费给付

在前述笔者参与的我校硕士研究生多师同堂授课教改实践中,所有参与教师在不违背学校现有研究生教学制度规定的前提下,均作出了较大自我牺牲:有的教师牺牲了学术休假的时间,有的教师则不计课时和报酬;课程的大纲确定需要共同授课的教师在课前统一协商制定,其中亦需要参与教师倾注大量心血。本文认为,如果我校未来的研究生教学规章制度承认多师同堂授课的合规性,就不应当仅仅依靠教师的道德觉悟令其长期为多师同堂授课教改作出较大自我牺牲,理应为每位实际参与多师同堂授课的校内教师计算一定的课时量。具体如何计算,需要综合多个变量因素进行设计:首先,多师同堂授课并不必然是某门课程的每一堂课都要由数位校内教师共同授课,因此,要依据科学合理的教学计划以及其真实的执行情况计算课时工作量。假设,某门课程总课时数 48 学时,只有其中的 16 学时采取了多师同堂授课,那其余 32 学时就依然按既有的方法计算课时工作量。其次,多师同堂授课数位校内教师在共同授课中所起的作用并不一定必然都是相同的,如果相同就平均计算课时工作量,如果有差异就分比例计算课时工作量,具体由数位校内教师商议好由课程牵头者报上来。再次,出于鼓励校内教师积极参与多师同堂授课和其为备课付出更多心血等考量,可以按实际开设多师同堂授课的纯课时数再加规定的系数乘以实际参与多师同堂授课的校内教师人数计算总课时工作量,然后再依据前述平均或分比例计算每位校内教师的课时工作量。校外专家可以按其实际参与多师同堂授课的纯课时数,每节课以 200~300 元为标准给付课时费。

结 语

从笔者参与的我校硕士研究生多师同堂授课教改实践看,多师同堂授课模式有重要的教改价值。但毕竟笔者参与的前述教改实践只能算得上是一两个局部的试点，进行的观察思考以及给出的建议或许较为片面。故本文认为，在我校未来的研究生教学中，可在扩大试点的基础上不断总结经验和教训，逐步推行多师同堂授课模式。